見えないものを見る「抽象の目」

「具体の谷」からの脱出

細谷 功
ビジネスコンサルタント・著述家

775
中公新書ラクレ

はじめに

広がる見えない世界と狭まる視野

簡潔に本書の要旨を図で表現します。次頁の図1をご覧ください。
これは、「見えない抽象の世界が広がっているのに、私たちの視野は狭まっており、それらのギャップが様々な問題を起こしている」という現象を表現したものです。本書では、このメカニズムについて「具体と抽象」の視点で可視化を試みるとともに、それに対処する策を考えます。

まずは見えない世界の広がりのほうから見てみましょう。私たちの世界は、ＶＵＣＡと言われる不確実で先の見えない時代に突入しました。２０２０年初頭から世界に広が

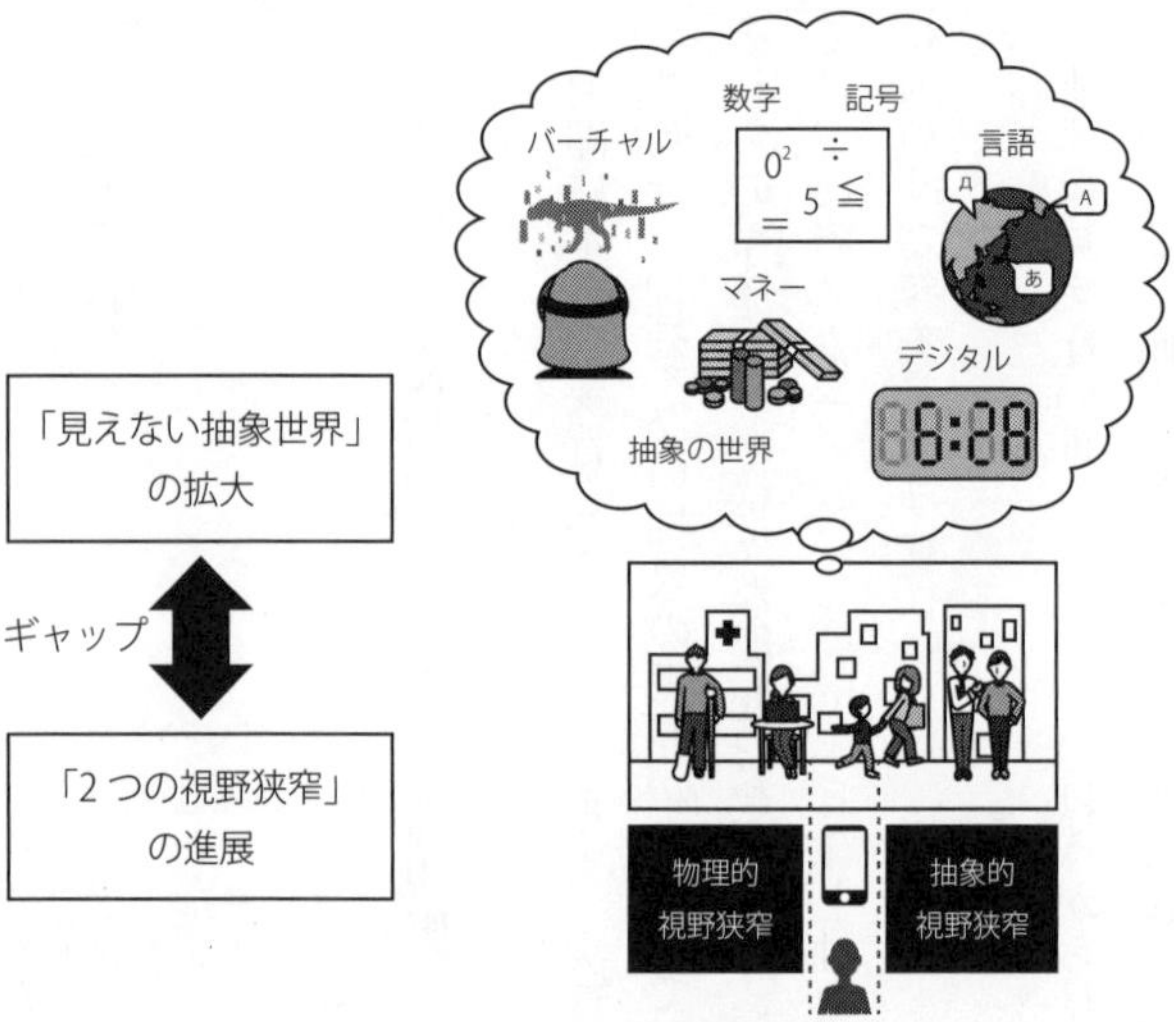

【図1】 見えない世界の広がりと視野の狭まりとのギャップ

った新型コロナウイルス感染症COVID-19によるコロナ禍が2年以上も継続中で、まだ明確な出口も見えない中、ロシアが引き金を引いたウクライナにおける紛争は、一時は核戦争や第三次世界大戦の可能性すら世界中の人に連想させたほどの危機的状況を招きました。

さらに日常生活に目を転じれば、21世紀に入ってからのデジタル化の進展やスマートフォンの普及、並びにGAFAM等と呼ばれるプラットフォーマーの台頭等によって、仕事でも日常生活でも私たちの生活はデジタルを中心としたものへと大きく変化し、20世紀まではビジネスにおける戦略や戦術等も大きくゲームのルールが変わってしまったと言えます。このような時代を考える上で、重要なキーワードが「見えないもの」ということになるでしょう。

我が国の20世紀の経済的競争力の源泉は、自動車や電機といった目に見える製造業の強さにあったと言ってよいでしょう。ところが21世紀以降の時代には、目に見えないデジタル技術にその競争力の源泉が移行しており、そこでは求められる能力や価値観が異なってきます。

例えば、製造業では「三現主義」（現場・現物・現実）という言葉がありますが、これはまさに具体的な目に見えるものを重視することを示しています。ところが、デジタルの世界では現場も現物も現実も形のないものが多く、キーとなる領域が抽象概念やバーチャルの世界のものになるため、これまでの発想が通用しない世界なのです。

デジタルの世界では抽象概念を扱うことでイノベーションが生まれます。「見えるもの」における産業界を象徴する言葉に「業界」という言葉があります。これは比較的目に見えやすい商品やサービス毎に会社を分類するという、いわばアナログ時代の発想ですが、デジタル時代には具体的な個別商品やサービスより、抽象度の高い「ビジネスモデル」で会社を分類することが相対的に重要になっていきます。「何でも売っている」アマゾンが代表的ですが、成功要因となるのは個別の商品・サービス知識ではなく、デジタル技術を駆使しデータをいかに活用して業務の仕組み（ビジネスモデル）を高い抽象度で構築することなのです（そうすれば、様々な商品を同じやり方で扱うことができるからです）。

さらにはブロックチェーンやＦｉｎｔｅｃｈといったテクノロジーを扱うには高度な抽象概念を理解することが必須になります。しかし、これまでの具体重視のモノづくり発想では全く歯が立ちません。

そもそも具体的な世界が大部分を占める動物の世界に対して、言葉や数といった抽象概念を扱うことが人間の知的能力の特徴なわけですが、近年のデジタル化はさらにその「見えない世界」への依存度を圧倒的に高めているというわけです。

「デジタルデバイド」の本当の意味

20年ほど前に「デジタルデバイド」という言葉が世界で普及しました。ＰＣや携帯電話というデジタルツールの普及によって、そのようなインターネットに接続できるデバイスを所有し、使いこなせるかどうかで二極化が進むのではないかという懸念であり予言でした。新興国の人たちにも瞬く間にひろがったスマートフォンというツールにより、デバイスの普及そのものでは予想されたほどの二極化は起こらなかったものの、所得や生活水準の二極化は２０１１年にアメリカのウォール街で起こった「私たちは99％だ」運動に象徴されるように、一部の人や会社が富を独占するという形で進行し、我が国でもそのような所得や資産の二極化が進行したと感じる人が多いようです。

この原因としては、資本主義の構造や経済政策等も含めた様々な要因が考えられますが、そのうちの一つとして、ここまで述べてきたデジタル化やそれを支える知的能力を中心とした社会変化の進展が挙げられるでしょう。

人間の能力を例にとっても、物理的な身長や体重はせいぜい違っても大半の人は「倍半分程度」の範囲内に収まり、身体能力に関してもせいぜい数倍程度と言ってよいと思います（身長５ｍの人もいなければ、１００ｍを０・３秒で走れる人もいないということです）。ところが、デジタル技術を扱うソフトウェア技術者の能力に関しては、それが飛躍的な差にもなりえます。ビル・ゲイツは以下のような発言をしています。

「優秀な旋盤工の賃金は平均的な旋盤工の数倍だが、優秀なソフトウェア・プログラマーは平均的なプログラマーの10000倍の価値がある。」

つまり、ハードの世界の差は物理的な能力差に依存するためせいぜい数倍だが、知的能力に大きく依存するデジタル社会の能力差は簡単に10000倍にでもなりうるというのです。同じことは、人の集団としての組織にも当てはまるでしょう。GAFAMのようなデジタルプラットフォーム企業は、まさに普通の企業を圧倒的に上回る付加価値や株式時価総額をある意味で「いとも簡単に」作り出します。

株式時価総額の一例を挙げれば、2020年7月に電気自動車会社テスラの時価総額がトヨタ、ホンダ、日産の時価総額の合計を上回ったというニュースがありました。もちろん単純比較は必ずしも妥当なものではないかもしれませんが、販売台数や売上、利益といった「目に見える指標」で圧倒的に劣っていたテスラの株価が上がった要因は、電気自動車vs.ガソリンエンジン車という「将来性（という目に見えないもの）」の差に加えて、その将来性を生み出すAIやビッグデータの活用といった「見えないデジタル技術力」と言えるでしょう。

このように私たちの置かれた現代社会は、「見えない世界」への依存度が大きくなっており、その結果、好むと好まざるとにかかわらず、その格差が構造的に開くこととなってしまっています。

デジタルの世界ではコピーも簡単でコストもかからないし、SNS上の投稿の拡散の破壊力は、対面による「口コミ」とは速度も規模も比較にならないほど強力であるといったことは、私たちが日常的に経験していることと言えるでしょう。

見えるものと見えないものの違い

このように、「見えない世界」の存在が途方もなく大きくなりつつあるのが現代社会の大きな変化なわけですが、ここで「見える世界」と「見えない世界」の違いを図2にまとめておきましょう。見えないものの重要性が圧倒的に高くなった半面、見えない世界を描き扱うことは、見えるものに比べて難易度がはるかに高く、現状それを意識した限られた人にしか扱うことができないため、先に述べたような格差が生じるというわけです。

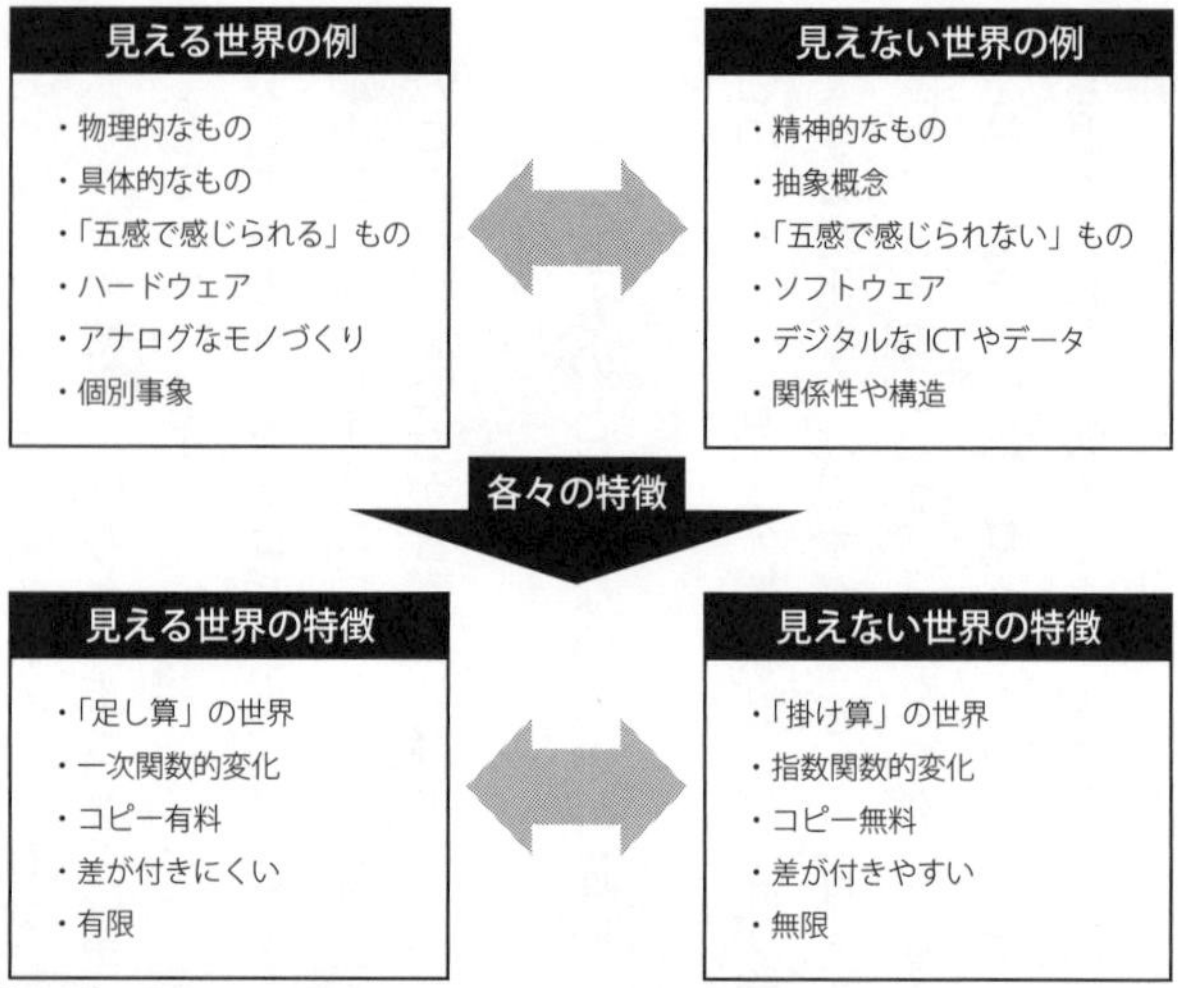

見える世界の例		見えない世界の例
・物理的なもの		・精神的なもの
・具体的なもの		・抽象概念
・「五感で感じられる」もの		・「五感で感じられない」もの
・ハードウェア		・ソフトウェア
・アナログなモノづくり		・デジタルなICTやデータ
・個別事象		・関係性や構造

各々の特徴

見える世界の特徴		見えない世界の特徴
・「足し算」の世界		・「掛け算」の世界
・一次関数的変化		・指数関数的変化
・コピー有料		・コピー無料
・差が付きにくい		・差が付きやすい
・有限		・無限

【図2】「見える世界」と「見えない世界」の違い

図2の上側の比較表は、見える世界と見えない世界の違い、言い換えれば本書において見える世界と見えない世界との違いの定義とも言えます。見えない世界は果てしないので、まずはこういう世界を前提として今後の議論を進めると考えてください。さらに本書ではこれらのうち「抽象概念」という側面に絞って、それを見るための考え方についてお話しします。

続いて冒頭に示した図1の下部の話、つまり視野が狭くなっているという側面を考えてみましょう。

このように見えない世界が広がって

いく一方、その一端を担っているデジタル技術そのものが、私たちの視野を狭めているという皮肉な側面もあります。例えば、「カーナビ」や「地図アプリ」は、私たちの道案内に関する行動パターンを根本的に変えつつあります。ひと昔前であれば、「地図を広げて現在地から目的地までの行程を確認する」という行為が必要だったのが、目的地の入力だけで「次はどこで曲がるか」という極めて近視眼的な行為で用が済むようになり、「大きな全体像を見て全体のバランスを考える」などといったものの見方が「退化」しつつあるのではないかと思います。

もう一つの例が時刻表です。近年、都心の駅を中心にデジタルの掲示板が普及し、私たちはいちいち時刻表を見て次の電車を確認するという「面倒くさい」作業から解放されました。その一方、時刻表を見る時になにげなく確認していた始発から終電までその駅に停まる列車がどのように運行されているのか、時間帯によってどの程度の頻度で運行されているのかということを知る機会がなくなりました。

別の例を挙げると、通勤電車での風物詩であったサラリーマンが車内で新聞を広げる行為も、すっかり「スマホニュースのチェック」という形で置き換えられ、ほとんど見られなくなりました。ここでも、地図と同様に大きな紙を広げて活字の全体像を追うという行為がなくなり、新聞記事→Ｗｅｂページ→ＳＮＳ（Ｔｗｉｔｔｅｒは１４０文字）→ニュースの見出し（Ｙａｈｏｏ！ニュースは15・5文字）と、一気に読む文字数の「視野」も多くの人にとっては狭くなる一方になりつつあります（メールの文章→ＬＩＮＥのメッセージへという流れも全く同じです）。要は世の中が「細切れ化」しているということです。

さらにネットニュースやＹｏｕＴｕｂｅ等の動画サイトは「検索すればなんでも見られる」という、見えない世界の天文学的な拡大の側面がある一方、良くも悪くも自分にカスタマイズされた情報が選択的にリコメンドされてくるために、見ているコンテンツの対象範囲が、カスタマイズされないテレビ番組を情報源としているのに比べてどんどん狭まってくることも、多くの人たちの視野が狭まる一因になっています。

このように、デジタル技術は私たちを便利な生活にいざなうと同時に、すぐ先のことまでしか考えなくなるという形で、私たちの「視野」を格段に狭めつつあります。

さらにもう一点、本書の核心に関わる視点としてスマホによる視野狭窄は「もう一つの視野」も狭めています。

それは、「事象の関係性」です。地図や時刻表、あるいは新聞では、各地点、各電車、各記事がどのように関連し、つながっているかということを無意識のうちに認識していたわけですが、スマホとアプリはこれらの関係性を切断することによって事象の関係性という抽象概念をも見にくくすることにつながっているのです。

このようなデジタル技術による「世界の拡大」と「視野の狭小化」という相反する変化に対処する方法を、「具体と抽象」という視点を導入することで提供していこうというのが本書のねらいです。「具体と抽象」というテーマは、思考力を主題として著作活動を続けている筆者が、「考える」という行為を説明するために用いている視点ですが、その視点を世の中全般、特に社会の移り変わりを説明するために導入して、私たちの生活の様々な側面と、具体と抽象の関係について語ろうというものです。「具体と抽象」という視点で世の中を眺めると、この世界がどのようにして回っているかが少し見えてきます。そうすれば、大方のことは同じようなルールで動いており、たいていのことに関して「次にどうなるか?」が読めるようになり、仕事や日常生活を違う視点で見ることができるようになります。

それは必ずしもポジティブなものばかりとは限りませんが、少なくとも「見えていない人」よりは「見えている人」のほうが良くも悪くも知性を武器とする人間らしい生活を送ることができることは間違いないと思います。

このように広がる「見えない世界」を意識するための世界の見方を本書では図3に示したような「具体の谷」というフレームワークを用いて表現します。

詳細な定義等は第6章に譲りますが、このフレームワークは、視野の広さと「具体と抽象」の関係を模式的に示すことで、人の視野の広さがどんな要素で決まり、それを「見えない世界（本書でいう抽象の世界）」にどのように適用すれば視野を広げることができるのかを表現したものです。簡単に言えば、具体の世界に近づくほど視野が狭くなってくるということです。

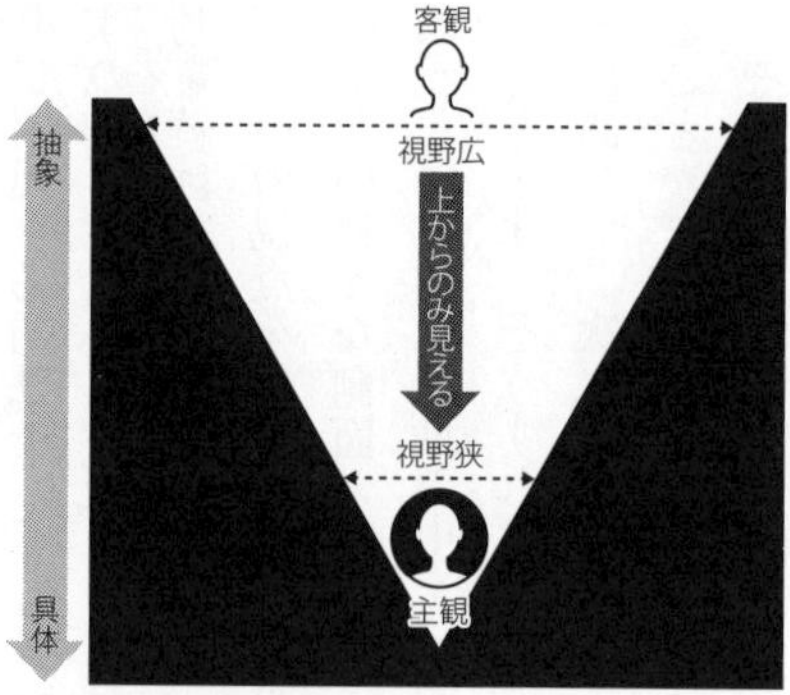

【図3】「具体の谷」とは

このような「見えないもの」＝「抽象の正体」を明らかにし、その取り扱い方を紹介するという観点から、本書の構成は図4に示した通りです。

まずWhyの第1部では、本書の2つのメッセージである「見えないものの拡大」と「視野の狭窄化」に関して、その重要性やそこに着目する理由を解説します。そもそも私たちの生活がいかに「見えないもの」に囲まれ、その拡大に影響されているかについて紹介します。私たちの世界は昔からとっくに（「抽象の世界」としての）「メタバース」だったということです。さらには、そのように見えないものが拡大している中でも、私たちは見えやすいものに目を奪われやすいという例を取り上げます。

続いてWhatの第2部では、そのような見えないものが見えている人と、見えていない人の違いは何なのかを明らかにします。誰にでも見える具体に対して、抽象というのは見えている人と見えていない人がいます（これが後述する世の中の動きの一部を動かす原動力になっています）。このように、実際に見えている世界と実は広大な見えない世界とのギャップが、良くも悪くも私たちの社会生活に大きな影響を与えていることがわかります。

そしてその見えない世界の正体を明らかにしていきます。一言で表現すれば、本書で

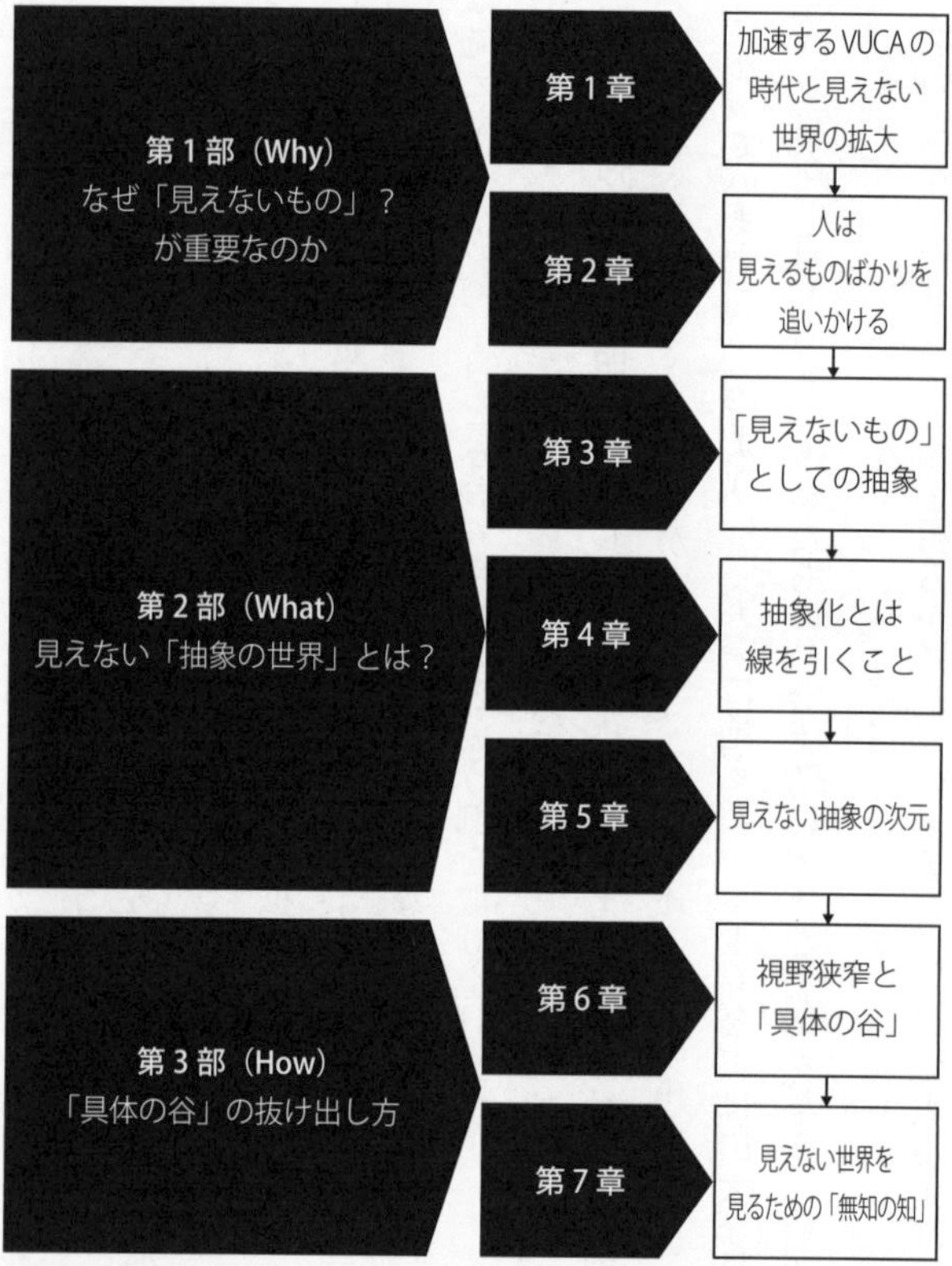
第1部（Why）
なぜ「見えないもの」？
が重要なのか
第2部（What）
見えない「抽象の世界」とは？
第3部（How）
「具体の谷」の抜け出し方
第1章
第2章
第3章
第4章
第5章
第6章
第7章
加速するVUCAの
時代と見えない
世界の拡大
人は
見えるものばかりを
追いかける
「見えないもの」
としての抽象
抽象化とは
線を引くこと
見えない抽象の次元
視野狭窄と
「具体の谷」
見えない世界を
見るための「無知の知」

【図4】 本書の構成

は見えない世界を「抽象の世界」として表現し、記述していきます。抽象の世界を持ち、抽象化という武器を得たことが、私たちを（他ならぬ動物ではない）「人間として」の私たちたらしめているのです。第4章ではその抽象化を少し深堀りし、その原理原則について語ることで、その正体をさらに探っていきます。そして第5章で本書のメインのフレームワークとなる「具体の谷」への準備段階として、「抽象の次元」、つまり抽象の世界のレベル分けを試みます。「谷」である以上、そこには「深さ」が存在します。その高さ方向の座標軸をレベル別に分け、どのような状態が谷底に近く、逆にどのような状態が谷から抜け出している状態なのかを表現します。本書では、見えないものを「抽象」という言葉で代表させてはいますが、その抽象の世界にも見えやすいものと見えにくいものがあることを階層化して見てみようという試みです。

それらWhyとWhatを受け、第3部では、Howとして見えないものを見るためにはどうすればよいか、「具体の谷」を中心に解説していきます。まずは「具体の谷」の定義とその具体例を述べた後、そこから抜け出すための方策についてソクラテスの「無知の知」を念頭におき、自らの無知を認識し、そもそも自分が気づいていない膨大未知の領域があることをどうすれば意識できるかについてお話しします。

このような過程を通じて、皆さんが身のまわりにある「見えない世界」＝抽象の世界を強く意識し、日々のコミュニケーションや仕事の計画等に関する悩みを解消するとともに、未来に向けて将来像を描くためのツールとして使ってもらえるようになれば、本書の目標は達せられたことになるでしょう。

目次

第5章　見えない抽象の次元

第6章 視野狭窄と「具体の谷」

図表作成・本文ＤＴＰ／明昌堂

見えないものを見る「抽象の目」

「具体の谷」からの脱出

第1章 加速するＶＵＣＡの時代と見えない世界の拡大

「はじめに」を受けた第1章では、私たちの身のまわりの「見えない世界」の広がりについて、改めて整理していきます。

いま私たちはVUCAの時代に生きていると言われています。VUCAとは「不安定」(Volatility)、「不確実」(Uncertainty)で、さらに「複雑」(Complexity)で、「曖昧」(Ambiguity)であることを意味します。日本で言えば、高度経済成長期のように欧米という明確な手本があって、「一億総中流」という言葉で代表されたような典型的な幸福像があり、「良い学校を出て良い会社に就職してマイホームとマイカーをローンで購入する」といったシンプルなライフプランが、「誰もが見ている」テレビ等のマスメディアによって提示されていた時代とは、大きく異なってきているということです。

2020年代に入ってから、本格的に世界を襲った新型コロナウイルス感染症COVID-19は私たちの生活を一変させました。そのうちの一つが「見えている世界」と「見えていない世界」のギャップを明確に浮き彫りにしたことです。

私たちの生活がいかに「見えていない世界」に依存しているかを改めて知らされることになった、と言ってよいでしょう。

まずはその「2つの世界の乖離」を、コロナ禍から見えてきたことを中心にしながら、もともと私たち人間が根源的に持っていた2つの世界の話も含めて語っていくことにしましょう。

コロナ禍で苦しむ人々、株価・仮想通貨バブルとその崩壊

コロナ禍の真っただ中にいた医療関係者や、人の移動規制によって大打撃を受けた旅行業界、さらには外出規制や休業要請等による自主規制等によって休業や時短営業を余儀なくされた飲食業界や教育産業関係者が悲鳴をあげながらもがき苦しむ中、2021年8月アメリカのダウ工業株30種平均は3万5625ドル40セントと、史上最高値を更新しました。

また同様にビットコインをはじめとする暗号資産（仮想通貨）も、同年冬には4年前の狂乱バブルを上回る史上最高値を更新し、年が明けてもさらに伸び続け、5月に約50％の下落があって落ち着いたものの、「コロナ前」をはるかに上回る価格で依然として推移した後、コロナ禍の収束がわずかながら世界的に見えてきた2022年になって

から暴落しました。
わが国でも同様に、コロナ後に一度落ち込んだ後に伸び続けた日経平均は、年明けの２０２１年2月に約30年ぶりに3万円の大台に突入した後に下降したものの、その後もコロナ前を大きく上回る値を維持しています。理論的には、株価に発行株数をかけた企業の市場価値というのは、その企業の生み出す将来の付加価値の累積（を現在価値に割り引いたもの）ですから、基本的には企業の直近の業績や将来性とも深く相関するはずです。しかし、コロナ禍における株価の動きはどう考えても違和感のあるものでした。もちろんＥコマースやリモートワークのためのＷｅｂアプリ等、一部のデジタル企業等では逆にコロナ禍が追い風となって史上最高の売上や利益をあげているところはありましたが、株式市場全体を代表するはずのダウ平均や日経平均が史上最高に近い数字となることは、明らかになんらかの形で実体の社会経済と株式市場とが乖離していることを意味しているのではないでしょうか。

この背景には、他ならぬコロナ対策のために各国の政府が大量の国債発行等によって前代未聞とも言える膨大なマネーの供給を金融市場に投入したこともありますが、これとて所詮「目に見えない」世界の反映でしかありません。政府によるマネー供給を比喩的に「札《さつ》を刷る」と言いますが、実際に紙幣が印刷されているわけではなく、ほぼデジタルデータという「見えない世界」で起こっている話です。

さらに皮肉なことに、ようやくコロナ禍が欧米等のいくつかの国で収束しかけてきた２０２２年になって、このような政策の反動としてのインフレが米国を中心に世界中で起きることになり、ウクライナ紛争による燃料費や生活費の高騰とあいまって、人々の生活は混乱に陥りました。つまり、リアルの世界の状況が悪化していたコロナ禍の中ではバーチャルな財政や金融は「史上最高」となり、コロナ禍が落ち着きはじめた頃には「史上最悪」の株価の暴落や物価高といった目に見えない世界の悪化がはじまったのです。これら一連の状況は、戦争やコロナ禍による食料や燃料、あるいは電子部品等のサプライチェーンの分断や混乱という、「見える世界」による影響の大きさを改めて私たちに思い知らせることとなったと同時に、コロナ禍という稀に見る災害の影響との組み合わせによって、見える世界と見えない世界の対比を世界中に考えさせました。

このような「乖離」の一方で、金融という見えない世界が見える世界をも支配していることは、いまから10年以上前、２００8年に起こったリーマンショックの時にも全ての人が認識することになりました。リーマンショックによって直接的に目に見える変化を体感した人はほとんどいないと思いますが、実際にはそれによって引き起こされた世界的な不景気で実体経済も悪化し、目に見える世界も大きな影響を受けることになりました。さらに言えば20世紀の「バブル崩壊」も全く同様でした。

つまり、これら金融やマネーの世界の拡大による「見える世界」と「見えない世界」の乖離は、単に乖離しているわけではなく、逆に見えない世界が見える世界を支配していると言っていい状態にもなっているのです。もともと物々交換という見える世界の価値の抽象化によって生まれたお金という概念が、次々と抽象化することで、デリバティブや仮想通貨という、見える世界とは極めて乖離した巨大な見えない世界を作り上げ、むしろ見えない世界という抽象が、見える世界という具体を支配するという逆転が起こっているのです。

結局、最後までコロナ禍に苦しんだ業界は飲食業界と旅行業界等、完全に物理的なモノの消費や、人やモノの物理的移動という世界で、少しでもデジタルやバーチャル等、目に見えない世界での代用が利く世界は、いち早くコロナ禍を脱して通常通りの売上や利益を取り戻していたことになります。

デジタル化と「Ｅｖｅｒ化」

このような見えない世界の拡大を、近年圧倒的に加速しているのがデジタル化の急速な普及です。デジタル技術を活用して社会や企業を抜本的に変革する「デジタルトランスフォーメーション」やその略称であるＤＸという言葉は、コロナ禍におけるオンライン化とも重なって、この２、３年で一気にＩＴ業界以外の人にも浸透しつつあります。

前にも触れましたが、スマートフォンは私たちの生活を一変させました。私たちの日常は、ほとんどがスマホを中心に回っていると言ってもよいでしょう。20年前には物理的に存在していた図５にリストアップしたものは、いまやスマホのアプリにとってかわられはじめ、大部分が物理空間なしでも完結する世界が広がりつつあります。

●目覚まし時計
●懐中電灯
●旅行代理店
●紙幣
●テレビ
●コンパス
●ストップウォッチ
●本
●ゲーム機
●地図
●ポイントカード
●CD／DVD
●CD／DVDプレイヤー
●辞書・百科事典
●スケジュール帳、ノート
●時刻表
●切符
●財布
●カメラ
●ガイドブック
●固定電話
●FAX　……

【図5】　スマホのアプリにおきかわりつつあるものの例

例えば旅行や出張の荷物が少なくなっています。そもそも物理的な紙などの物量が激減しつつあることは、現実世界の目に見えるインパクトとしても感じられるところですが、それ以上に大きいのは、私たちの生活様式や価値観もこれに伴って大きく変わっていることです。

物理的なものが少なくなると、それらに縛られることが少なくなり、私たちの生活の自由度が上がります。買い物を例にとれば、単に「スマホでモノが買える」という表面的な違いの他に、「いつでも」「どこでも」買えるようになったことは生活の変化として大きいでしょう。

かつては「お店の開店時間内に」「お店に行って」しかできなかった買い物が、「通勤時間に」「電車の中で」でも「夜中の3時に」「ベッドの上で」でも、まさにいつでもどこでもできるようになりました。また、例えば書籍の購買等、従来は一部の書評家という専門家による書評を参考にしていた一般消費者は、いまやカスタマーレビューや一般の人たちのブログやＳＮＳの投稿等を参考にするようになり「誰もが評論家」になれるようになっています。つまり、一言で表現すればデジタル化によって私たちの生活は、「いつでもどこでもなんでも誰でも（Whenever／Wherever／Whatever／Whoever）」という、いわば「Ｅｖｅｒ化」（Everization）してしまったのです。

さらに言えば、デジタル化による「モノからの離脱」は、人々がビジネスをはじめたり、様々な活動をしたりすることのハードルを格段に下げました。商売・ビジネスにおいても「誰でも」を実現しているのです。実店舗を出しての営業であれば、準備作業も開業資金も開店スタッフも、様々な物理的リソースが必要だったので、ビジネスをはじめるというのはそれなりの覚悟をもって行うものでした。しかし、ネット上で店舗を構える場合は、それらのリソースのほとんどがそもそも不要であるか、ネット上で簡単に安価で調達できるため、開業ははるかに手軽な「誰でも簡単に」できるものになりました（それが実際にビジネスとしてうまくいくかは全くの別問題ですが）。

さらにはネットの世界では商品やサービスについて「誰でも」レビューができます。以前の買い物では、私たちは特定のプロ（書評家やグルメ評論家など）が書いたレビューを基に選択していたのが、いまでは「大量の素人」が書いたレビューやレーティングを基に選択するようになっています。

このようにデジタル化は、Ｅｖｅｒ化という自由化を私たちの生活にもたらしたことになります。見えない世界が大きくなるというのは、このようにモノからの離脱による圧倒的な自由度という副産物をもたらしているのです。

さらにデジタル化は、単にこのような「出張や旅行の荷物が少なくなった」という物理的な変化の他に、それをはるかに上回るインパクトを私たちの生活にもたらしています。それは主に「見える世界」ではなく「見えない世界」においてなのです。

会社の価値も見えないものへ

「はじめに」でも少し触れましたが、見えないものの価値を感じる象徴的な出来事として、コロナ禍の最中に起こった、従来型の自動車会社とテスラの株式時価総額の逆転があります。まさにコロナ禍が本格化した２０２０年７月１日の米国市場において、テスラの時価総額は同日の日本市場でのトヨタ自動車の時価総額を上回りました。コロナ禍においても一時期サプライチェーンへの悪影響があったものの急速に業績を回復したトヨタ自動車の株価は、必ずしも観光業界や飲食業界のようにコロナ禍で大打撃をうけて暴落したわけでもなく、堅調な推移を見せており、むしろテスラの株価の急騰ぶりが目につきます。その後もテスラの株価の上昇が続いた結果、半年も経たずして両者の差は3倍以上となりました。以降も急騰や急落を繰り返したものの、２０２2年8月現在でも3倍以上の差がついています。

同じように自動車を製造・販売している両者ですが、明らかに株価の動きには大きな違いがあります。

同時期の他の伝統的な自動車メーカーの株価の動きを見れば、自動車業界におけるテスラの株価の「異常ぶり」を理解してもらえることでしょう。

コロナ禍の前から、自動車業界はＣＡＳＥ（Connected, Autonomous, Shared, Electric）革命と言われる大変化の渦中にいます。つまり、全ての自動車はネットワークにつながり（Connected）、自動化され（Autonomous）、シェアされ（Shared）、そして電動化される（Electric）方向に向かっているというわけです。

特に前半のネットワークにつながってＡＩ化が進むことに関しては、多分にデジタル化の影響と言えます。つまりは機械の塊の象徴のように見える自動車でさえ、「目に見えない」デジタルの要素が色濃くなっているのです。

いずれにしても、自動車会社の株価が見えない世界の心理的な要因によって乱高下するデジタル企業のようになっていること自体が、「見えない世界」の影響を大きく物語っています。

実際に目に見える形での生産・販売台数ではトヨタ自動車に大きく劣っているテスラの株価に反映されているのは、将来キャッシュを生み出すと期待されるＡＩ技術であったり、そのために蓄積されている膨大な走行履歴のデータだったりといった「見えないもの」なのです。

モノからコトへ

近年、ビジネスで頻繁に語られる変化の一つに「モノからコトへ」というキーワードが挙げられます。工業製品を物理的な製品として売るというよりも、その製品が顧客に提供する付加価値をより強く意識した商品開発やマーケティングが求められてきているということです。

三種の神器（テレビ、電気洗濯機、電気冷蔵庫）、あるいは３Ｃ（Car／Cooler／Color TV）という言葉に代表されるように、高度経済成長期の時代の顧客にとっての価値は「大きくて目立つものをこれ見よがしに所有すること」でした。あるいは外出時に誰もが知っているブランドの高級輸入車に乗ったり、高級ブランドのアクセサリーを身に着けたりというのも、これに相当するでしょう。

社会も人も貧困から裕福になっていく過程においては、大抵「物理的な所有欲」↓「ブランド品等のステータスの所有欲」を経て、物理的な目に見えるものよりも、目に見えない精神的な満足感へと価値観が推移していくように感じます。

そのような価値観の変化に加えて、近年では環境への配慮などから、大量に物理的リソースを消費するものへの忌避感等も重なって、モノ志向は弱まり、「経験価値」や「共感価値」といったコト消費へとビジネスは変化しています。

また、近年急速に発展してきた「サブスクリプション」、いわゆる「サブスク」というビジネスモデルの一つの側面は、「商品やサービス」といったものを売るのではなく、そこから得られる便益を利用料という形で徴収するという点で、「所有」から「利用」へ、あるいは「名詞」から「動詞」へという観点からも価値がモノからコトへ転換したととらえることもできます。

このような顧客側の需要の変化は、当然のことながら供給者側のメーカーやサービス提供者の商品開発のスタンスにも、大きな影響を与えてきます。従来の技術主導、機能主導で「すごいものを作ったから売れるはずだ」というスタンスから、「その製品やサービスをどんな顧客がどんな場面でどのように使ってどのように行動や生活が変わっていくのか？」という、いわゆるユーザのユースケースまで考えなければ、ヒット商品を生み出すのが難しくなってきているのです。

それが「モノからコトへの変化」ですが、モノづくり時代の発想からなかなか抜け切れていない企業も多く、特に「モノづくり」を売りにした製造業を競争力の源泉としてきた日本は、その転換が難しいように思います。細かい個別の事情については業界や製品・サービスに関して様々な事情はあるとは思いますが、マクロレベルで世界の中での日本という視点で見ると、20世紀の「奇跡的な高成長」から21世紀にかけての「奇跡的な低成長」へと一気に変化した原因には、「以前の強みが環境変化によって一気に弱みに代わってしまった」という仮説が当てはまる面も大きいのではないでしょうか。

「オンラインエブリシング」の時代

コロナ禍は、私たちの仕事や日常生活のオンライン化を確実に加速しました。テレワークや学校のオンライン授業では、直接的に自らの経験としてＤＸ（デジタルトランスフォーメーション）を体感した人も多かったでしょう。たとえ自分自身では経験していなくても、取引先がオンライン化することで、オンライン会議に対応したり、家族の学校教育がオンラインになったりという方も含めれば、直接的であれ間接的であれ、オンライン化の影響を受けなかった人はほとんどいないと言ってもよいのではないでしょうか。

これ以外にも、技術的には可能でありながらなかなか実際には法規制の問題等もあって普及しなかったオンライン診療といったヘルスケアの分野にも、ついにオンライン化の波が訪れました。さらには無観客開催とセットになったイベントのオンライン化やｅスポーツのような「オンラインファースト」の動きも進んできました。

さらにはオンライン結婚式やオンライン墓参りなど、「冠婚葬祭」という、人と人とが触れ合うことそのものに価値があると思われていた分野でもオンライン化が導入されました。

ビジネスの世界では、当然これまでもオンライン会議は存在し、特に海外とのやり取りで用いられてきましたが、原則は初対面ではなく、既に人間関係が出来上がっている場合が多かったのではないかと思います。ところがコロナ禍によって否応なくオンライン化が進み、これまでは対面が原則と信じられていた「顧客の初回訪問」ですらオンライン化することで、「一度も会ったことがない人たちと仕事をしている」という例も増えてきたのではないでしょうか。

このように、10年以上も前から技術的には可能であったオンライン○○が一気に現実のものとなり、この流れはコロナ禍がひと段落したとしても完全に元に戻ることはなく、この点でも「見えない世界」の拡大は継続することになるでしょう。

ロシアによるウクライナ侵攻は、さすがにサイバー化が進む現代においても紛争やエネルギー問題やサプライチェーン等、依然として「見える世界」の影響が大きいことを改めて私たちに思い知らせるものでしたが、むしろこれは、コロナ禍によって進展した私たちのオンライン依存度や、グローバル経済への依存度への認識を改めて高めるとともに、そのことへの警鐘を鳴らすものだったと言ってよいでしょう。

なくなる「行列」

タクシー、スターバックス、マクドナルド等で起こっている共通の私たち顧客の購買プロセスの変化がおわかりでしょうか？

これらは全てデジタル化の象徴たるスマホから予約や注文ができるようになりました。つまり、タクシー待ちの行列に並んだり、ファストフード店の混雑時に長蛇の列を作ったりする必要がなくなったのです。実際のところ、現時点ではそれほど利用率は高くないかもしれませんが、効率性を重視して「並ぶのが嫌い」な人たちには朗報であると言えるでしょう。

このような技術による利便性の向上も、見えるものから見えないものへの変化ととらえれば、これまで物理的な世界にあった「行列」というものが、デジタル上の待ち行列という形に変化して見えない世界に移行したと言えます。ですから実際に物理空間ではなくなったように見える行列も、実は見えないデジタル空間ではそのまま「見えないデジタル行列」となっている可能性もないわけではありません（もちろんこの仕組みによって「混雑状況」は多かれ少なかれ平準化されるはずなので、実質的な行列も少なくなっている可能性も高いですが）。

これは単なる一つの小さな事象ですが、ある意味で社会の流れがスマホを通してデジタル化されていることのわかりやすい例かと思います。ビジネスプロセスや生活の多くがスマホを中心に流れていくということは、このように物理現象がデジタルの見えない世界に次々と移行していることを象徴しているのです。

広がるメタバースの世界とＷｅｂ３

これを見えない世界と言ってよいのかどうかはわかりませんが、デジタル世界の拡大とともに、いよいよ実用化の領域に入りつつあるのが、ＶＲ（Virtual Reality）やＡＲ（Augmented Reality）、あるいはＭＲ（Mixed Reality）の世界で、その総称がＸＲです。

もともとゲームの世界では「もう一つのバーチャル（仮想的）な世界」が私たちの頭の中に広がっていましたが、ＶＲ技術のさらなる進展によるデバイスの進化と価格の低下、あるいはアプリの充実、さらにはコロナ禍におけるオンライン化の進展によって、いよいよバーチャルの世界は私たちの現実世界と区別がつかない領域に入りつつあります。

このような技術は、仮想現実をバーチャル空間で実現するメタバース、スペーシャルコンピューティング（Spatial Computing）、あるいはデジタルツインといったテクノロジーが実現する様々な世界に広がりつつあります。

このような状況下、２０２１年10月にＦａｃｅｂｏｏｋ社が社名をＭｅｔａに変更すると発表し、メタバースへの注目がさらに上がりました。私たちの世界におけるメタバースの割合が今後増え続けていくことは、これまでのデジタル化やバーチャル化の流れから見ても、ほぼ間違いないと言えるでしょう。

この他にも、メタバースの世界と切り離せないのがＷｅｂ３と呼ばれるブロックチェーン技術を中心としたインターネット上のシステムや、Ｗｅｂ上のアプリケーション等の分散化の動きで、金融の世界のＤｅＦｉ（Decentralized Finance）やＮＦＴ（Non-Fungible Token）等の新しいテクノロジーを活かした新しい仕組みです。例えば、メタバース上の土地などの「不動産」が高値で取引されるといったことも行われています。

このように、「目に見えない世界」はこれまで以上に私たちの生活に影響を与えていくことになるのではないでしょうか。

ディープフェイクは現実とデジタルの区別をさらに曖昧にする

ＡＩ技術の発達の一つの応用領域が、ディープフェイクと言われる動画合成技術です。政治家などの有名人が実際に語っていないにもかかわらず、なんらかのメッセージをあたかも本人が直接話しているかのように合成する技術は、もはや状況によってはほとんど本物と区別がつかないレベルになってきました。

現在は、単なる遊びの領域を出ていないものがほとんどですが、恐らく近い将来には、さらなる技術の発展により、良くも悪くも本物と見分けがつかない動画が氾濫し、私たちの生活は大きく変化することになるでしょう。

例えば、近年急速に広まってきたドライブレコーダーですが、これによって多くの人たちが迷惑運転をしないように注意したり、事故の記録が撮られることで訴訟や保険請求等において救われたりすることになった人もいるでしょう。

ところが、もはやこのようなドライブレコーダーの映像ですら、少し合成してしまえば、証拠としての有効性も疑わしいものになります。様々な監視カメラも同様です。ひと昔前であれば「動かぬ証拠」の代名詞であった録画データも、基本は加工されたものという前提で考える必要がある時代はすぐそこまで来ています。

このような状況や、先のメタバースの拡大等も含め、もはやどこまでが現実でどこまでがバーチャルの世界なのか、虚実の区別というのは本当にわからないものになってきています。

つまり、本書のテーマの「見えるもの」「見えないもの」の定義というのも、実は人によっても異なるし、何をもって「見えるもの」と「見えないもの」を区別するかという基準も、極めて曖昧なものになっていくと言わざるを得ないでしょう。そうであるがゆえに、しっかりと目に見えないものの重要性を認識することで、私たちの将来を描いていくことはますます必要不可欠なものになっていくと考えられます。

動物と人間は認識している世界が違う

ここまで述べてきた状況を模式的に表したものが図6です。

動物と異なり、言葉や数字、あるいはお金という抽象概念によって「見えない世界」を飛躍的に拡大してきた人類は、デジタル化という形でそれをさらに拡大しつつあるのです。

ここまで見てきたように、人間には様々な「見えないもの」が見えています。簡単に言えば、見えるものというのは物理的にそこに存在しているものであり、動物でもなんでも客観的に見ることができます。つまり、動物が見ている世界と人間が見ている世界の違いは、人間はむしろ物理的でないもの（見えないもの）の世界のほうが圧倒的に大きいという点にあります。対する動物は、ほとんどが見えている世界で（これも勝手な想像と言えば勝手な想像なのですが、動物の目に見える動きから推論しているだけとも言えます）、極めて限られたものしか見えていないと言えます。

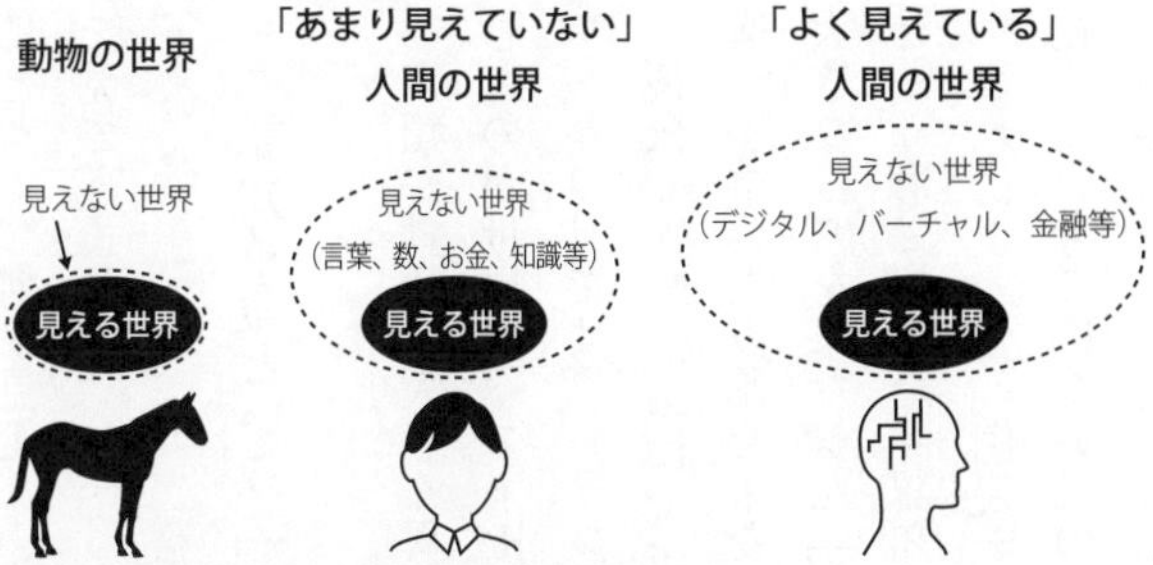

【図６】　動物と人間で見ている世界は異なる

さらに言えば、人間にも大きく分けて2通りの人がいて、抽象度の高い世界が見えている人と見えていない人がいます。もちろん白か黒か、2通りの対極の人がいるわけではなく、無限のグレーの段階が存在し、濃いと薄いの違いがあるだけですが、特徴を表すために2通りという表現をしています（例えば「世の中には甘いものが好きな人と嫌いな人がいる」と言っているようなものです）。

本書の意図の一つは、抽象度が低いものしか見えていない人に抽象度の高いものを見られるようにすることです。動物と人間の間に「世界の大きさの違い」があるのと同様に（もしかするとそれ以上に）抽象度の高い世界が見えている人と見えていない人とでは、周りからは同様の人生を歩んでいるように見えても、実はその内面には天文学的な差がある可能性があるのです。

第1章では図6の一番右側の「よく見えている」人間

にとって、何が見えない世界として広がっているか、具体的にどのようなものがあるかを見てきました。

認知革命という「見えない革命」

人類が動物と大きく異なる道を歩みはじめたことを、認知革命という表現で明らかにしたのが世界的ベストセラー『サピエンス全史』（河出書房新社）を著したユヴァル・ノア・ハラリです。

彼は、人類が集団で生活していく上で、宗教やブランドといった目に見えない「虚構」が重要な役割を果たしたと言っています。同書でハラリは、私たち人類の歴史上で大きな役割を果たした「3つの革命」の一つとして、7万年前に「虚構の言語の出現」という形で起きた「認知革命」を挙げています。

これによって「国民」「部族の精霊」「有限責任会社」「人権」といった、現実には存在しないものについての情報を伝える能力が備わることで、非常に多くの見知らぬ人同士の協力や、社会的行動の迅速な革新が可能になり、そのことが私たちを特別な存在にした――というのが同氏の見解です。

「国民」「部族の精霊」「有限責任会社」「人権」というのは、具体的な事象ではなく抽象概念そのものです。つまり、人間は抽象概念を有することで、社会的活動を営むことが可能になり、それが他の動物と違う決定的な知的能力となったというのです。

同書では「見たことも、触れたことも、匂いも嗅いだこともない、ありとあらゆる種類の存在について話す能力があるのは、私たちの知るかぎりではサピエンスだけだ」と述べられています。まさにこれは、具体的なものではない抽象概念をホモ・サピエンスが手に入れ、『サピエンス全史』で人間の知性の夜明けとして語られている認知革命を指していると思われます。認知革命とは、ある意味抽象化革命であり、これがホモ・サピエンスをホモ・サピエンスたらしめるために重要な役割を果たしていたことがわかります。

具体と抽象

人類の歴史から見れば、見えない世界が飛躍的に拡大した一つの視点は、「具体と抽象」です。

「具体と抽象」の詳細については第3章で詳説しますが、本書のテーマである「見えないもの」の大部分が、多かれ少なかれ抽象概念から成り立っているというのが本書の仮説であり、抽象世界を見ていることが人間を人間たらしめているというのが、本書の大前提にあります。もちろんこれだけで全てが説明できるわけではありませんが、本書で述べる抽象概念へのアプローチや、その活用方法によって人間が頭の中に持っている「見えない世界」のかなりの部分が説明できると考えています。

第2章 人は見えるものばかりを追いかける

第1章では、私たちの身のまわりにある「見えるもの」と「見えないもの」の違いを見るとともに、人間が動物と最も違うのは、見えないものが頭の中で見えていることであることと、いかに私たちの暮らしの中で見えないものの割合が大きくなっているかを改めて確認しました。

ここで一つ、見えるものの影響が見えないものよりも大きいことを、もう少しミクロである私たち個人の思考回路のレベルで考えてみましょう。ある意味当たり前ではあるのですが、見えないものの影響が大きい割には、見えるものにとらわれている人のほうが圧倒的に多いというのが人間の基本的な性質です。これが私たちの行動様式を決定する上で意外に大きな要素を占めていることが改めて確認できるでしょう。第6章で述べるように、人は様々な認知的なバイアスを持っていますが、ここで取り上げるのはいわば「見えるもののバイアス」とでも言えるものです。

本章のお話は第1章で述べたことと一見真っ向から矛盾するようですが、見えない世界が巨大化する一方、「大多数の人にとっては」その中の一部の世界しか見ていないために「はじめに」で述べたギャップが広がっていくという文脈でとらえてもらえればと思います。

【問題】

以下のＡ―Ｅの①と②はどちらが簡単（短時間で多くのアイデアが出せる、より多くの人がやっている）であるかを考えてください。

Ａ　①「ダメな政治家はやめろコール」と、②「後継者にすべき新たな人へのラブコール」

Ｂ　①「誰かが出した案に反対する」と、②「代わりに自分から案を提案する」

Ｃ　（社会の変化によって）①「10年後になくなる仕事を挙げる」のと、②「10年後に新たに生まれている仕事を考える」

Ｄ　①「過去について語る」と、②「未来について語る」

Ｅ　（コロナ禍で赤字になった会社やお店の収支を改善する等の状況で）①「コスト削減の施策を考える」と、②「他の収入源を考える」

もちろん、人によっても問題の対象によっても、どちらが簡単かは一つに決められないでしょうが、問題の括弧内にあったように、「どちらが簡単だと答える人が多そうか?」という視点で考えてみたらどうなるでしょうか?

恐らくABCDEとも①が簡単である、あるいは世の中を見渡せば、①をやっている人のほうが圧倒的に多いのではないでしょうか。

次に、なぜそうなるのかを、ABCDEに共通する2つの選択肢の関係性で考えてみます。本書のテーマである「見えるもの」と「見えないもの」の比較で考えてみましょう。

まずAの「ダメな政治家へのやめろコール」ですが、これはSNSでも日常会話でも、もうほぼ毎日のように周囲の人から聞こえてくる声と言ってよいでしょう。様々なスキャンダルはもとより、コロナ対策への不満、景気対策、雇用対策、オリンピック開催の是非等、政治への不平不満は次から次へと出てきて、それは「やめろコール」へと自然につながっていきます。

ところが、「では誰にすればいいの?」という問いに対して具体的な名前を出して答えられる人はあまりいないでしょう。いたとしても単なるイメージで有名な人を答えるだけで、恐らく本当にその人が政治家になったら、またその人に対してのやめろコールがはじまるであろうことは容易に想像できます。これを少し一般化したのがBで、いま実際に存在している案にケチをつけるのは、その代案を出すよりもはるかにやさしいというのは、日常的に経験することかと思います。

続いてCの「なくなる仕事」と「新たに生まれる仕事」です。ＡＩの発達でよく語られるのが「ＡＩによって○割の仕事がなくなる」という話です。○割というのは、1割や2割といった程度ではなく、もっと大きなインパクトを持った数字であることがほとんどで、それを見て背筋が凍る思いをした人もいるかもしれません。

でも考えてみれば、私たちの技術革新の歴史では、常にこれが起こっています。工場の機械化で作業者の仕事がなくなったり、デジカメの普及で街中のＤＰＥの仕事がなくなったり、自動改札の導入で改札で切符を切る仕事がなくなったり、そのような例はいくらでも思い浮かべることができるでしょう。ところが各々の技術進歩の段階で大量の失業者が街にあふれたかと言えば、そんなことはありませんでした。

それは、その段階ごとに必ず新しい技術に対応した仕事が次々と生まれてくるからです。ところがＡＩの場合でも「なくなる仕事」の話はよく出てきますが、「こういう仕事が生まれてきます」という話は、それに比べるとはるかに少ないのではないかと思います。

それに関連するのがDの「過去について語る」と「未来について語る」の比較です。あるいは「既に起こったことについて語る」のと「これから起きることについて語る」の違いです。あることが起こってから、特に失敗の場合などは実際に失敗がわかってからそれを責めるのは簡単ですが、これからやる挑戦に対してどのようにすればよいのかという未来の話をするのは、簡単ではないのではないでしょうか?

ここまででおわかりだと思いますが、私たちは「見えるもの」つまり、いまあるものとか既に起こったことに対しては簡単にコメントできるのですが、見えないものについて語るのは相当意識をしないとできないのです。

最後のEは少し応用問題かもしれませんが、原理原則は全く同じです。コストダウンというのは主に「いまあるものの削減」という要素が大きいので、企業業績が悪くなって利益改善が求められると、多くの人がコストダウン、しかもわかりやすい経費節減といった内容を議論しがちです。ところが収支改善には売上を向上させるというもう一つの方策があります。しかし、なかなかこちらはコストダウンに比べると議論がどうしても少なくなってしまいます。それは「見える」コストダウンに対して、「見えない」売上向上策（特に新しい収益源を探すといった点において）という構図があるからです。

知識と思考の違い

見えるvs.見えないという構図は、人間の知的能力に関してもあてはめることができます。知的能力の両輪とも言えるのが、知識力と思考力です。料理にたとえると、食材に相当するものが知識で、それらを組み合わせて調理して新たなものを生み出すのが思考という関係です。

これらで言うと、知識というのは見えやすいもので、思考が見えにくいものであるという関係になります。ここで言う「見える・見えない」というのは、知識力というのは比較的測定が簡単で可視化しやすいということです。

例えば「英単語力」や「漢字力」というのは、試験で測定することが比較的容易です。知識力に関しては「正解（と不正解）がある」ものが多いため、試験問題そのものを作ることも容易です。したがって、従来の学校では知識力がある＝学力が高いという認識が強かったのではないかと思います。実際、多くの入学試験や資格試験では知識量の多寡を問うものが多く、その理由としては、問題を作りやすいことと、（さらに重要なこととして）採点が容易かつ客観的にできること、その結果として比較（合否判定など）が容易にできることが挙げられます。

これに反して、本書における「見えない力を見る力」とでもいうべき思考力は、可視化するのが知識力に比べて圧倒的に難しくなります。日本でも、近年の社会やビジネスの環境変化によって思考力の重要性が叫ばれ、入試制度等も思考力重視へと舵を切ろうとしていますが、なかなかスムーズにいかない根本的な原因の一つがここにあります。そもそもが「見えない力」を測るためには、見える力の測定とは根本的に発想を変える必要があることに、意外に多くの人が気づいていません。

このために、「客観性を担保できない」とか「採点に時間がかかる」といった、ある意味、思考力の世界では当たり前とも言える状況を、受け入れられないために先に進めなくなるという事態が生じます。

ここでも根本にあるのは、見える世界と見えない世界の違いの理解が進んでいないことなのです。知識に関してはその有無や多寡を可視化しやすいため、比較の対象にしたり合否を客観的に判断する対象に使われますが、思考力の有無に関しては可視化が難し

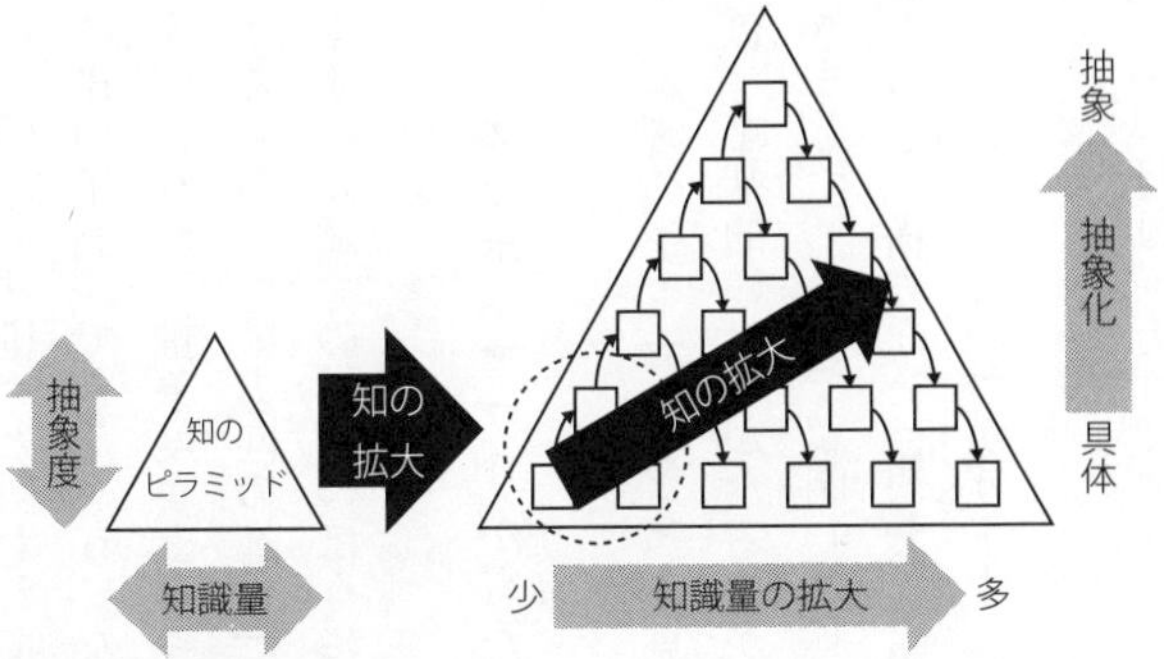

【図7】　具体抽象ピラミッド

いため、なかなかその重要性を認識したりスキルを上げたりすることが難しいという構造的な違いがあります。本書は、そのように目に見えにくい知的能力を極力可視化して強化する方法にチャレンジすることを目的としています。

　ここで、知識と思考との関係を模式的に示すために「具体抽象ピラミッド」というものを導入しておきます（図7）。これは人間の知の構造を簡潔にモデル化して表現したものです。

　横軸が知識量で縦軸が具体と抽象、つまり上に行くにしたがって抽象度が上がっていくことを示しています。横軸の知識量の拡大については簡単に理解できると思いますが、それと表裏一体の関係として、人間の知的資産の抽象度も上がっているのです。典型的なのが物理や数学の定理や法則の世界で、一般に「○○の法則」と言われているものは、複数の事象をシンプルに表現することで、その後の予測ができるようになるという形で、私たちの知を拡大してきたことがわかります。これが、抽象度が上がっていくというイメージです。

こちらの「縦方向の進化」に関しては、全ての人が認識しているものではなく「見えやすい知識」の横軸のほうに目を奪われている人がほとんどなのです。

スマホ＋アプリがもたらした「2つの視野狭窄」

本書のテーマである、「見えない（デジタル）世界の広がりと人間の視野狭窄の関係」を端的にものがたるのがスマートフォンの普及であることはこれまで何度か触れてきました。ここで説明した具体抽象ピラミッドを用いて補足すると、この視野狭窄そのものも「横方向」（知識や情報の量）と「縦方向」（抽象度）という2つの視点から起こっていることがわかります（図8参照）。

一つ目は横方向ですが、これはスマホによって物理的に視野が狭まっていることを表

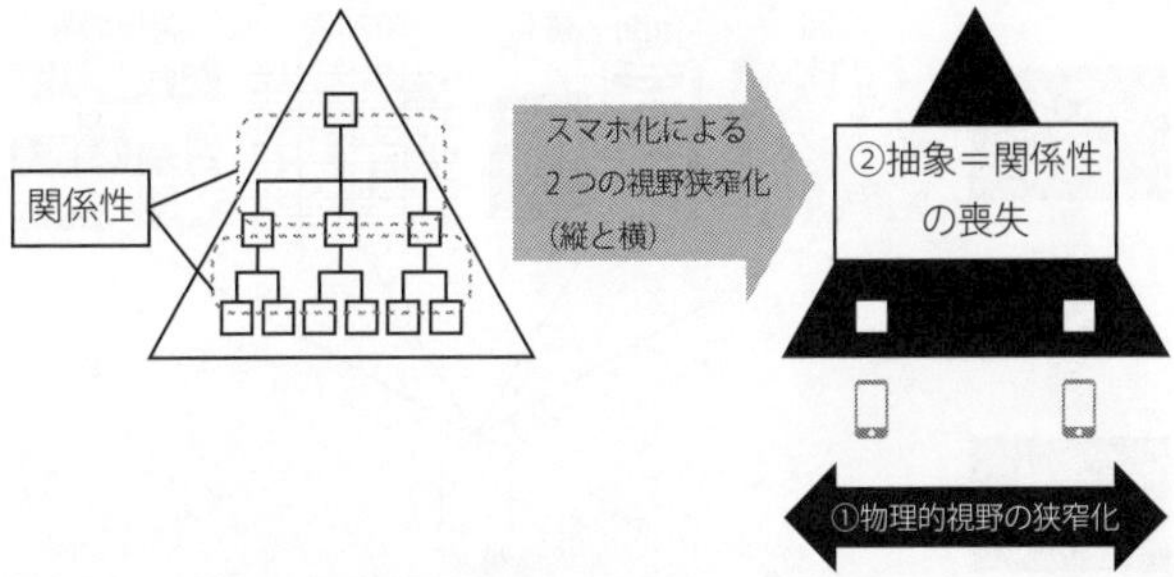

【図８】　スマホ化による２つの視野狭窄化

しています（図９参照）。典型的なのが地図からスマホのナビゲーションによる道案内への変化で、大きな地図を広げて見ていたのが、スマホの小さな画面でのアプリを用いた局所的な確認が多くなったことです。同様なことは、新聞や書籍、その他のドキュメントを読んだり、あるいは列車の乗り換え案内を見る際も同様で、スマホでは一部の「直接用があるところだけ」しか良くも悪くも表示されなくなるので、明らかに見ている範囲は狭くなります。

もちろん技術的に言えば、スマホでもいままで通りに地図や書籍全体を物理的に見ることは可能です。例えば地図の場合、地球全体と町内のクローズアップをズームイン・アウトすることができるという点では、範囲が限定されている紙の地図より便利であるという考え方もあるかもしれません。

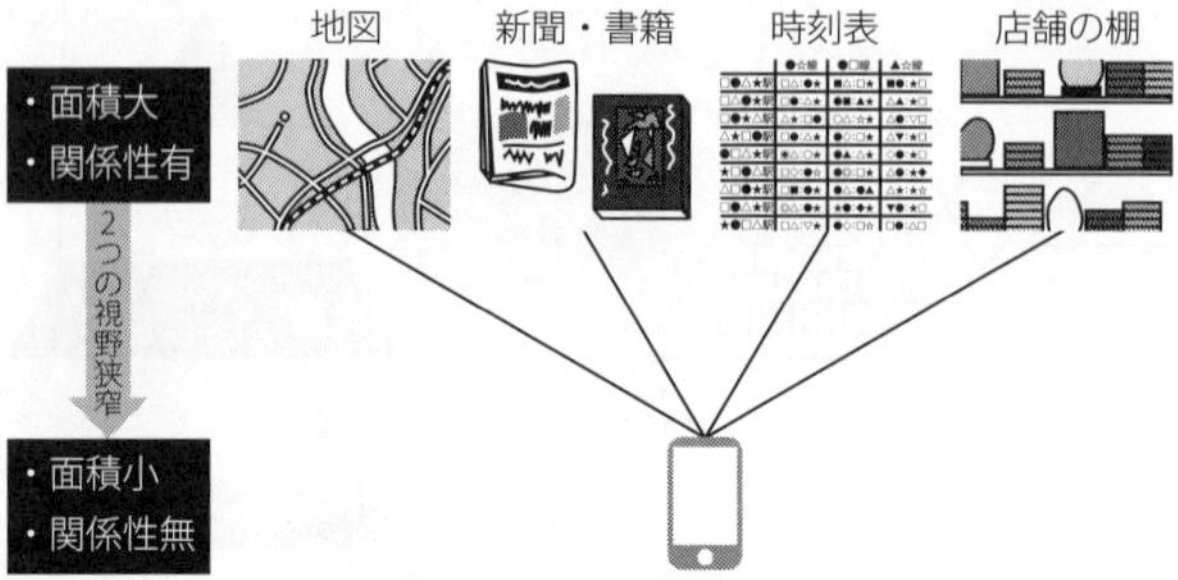

【図9】 スマホによる物理的な視野の狭窄化

ただし、スマホ＋アプリという形で考えれば、私たちは列車の乗り換えを時刻表を見るというよりはアプリの検索ツールで調べることができるようになったために、時刻&場所を指定し、（良くも悪くも）ピンポイントで検索結果を見るという行動パターンに変化しつつあります。つまり「いまここ」しか見なくても用が済むようになる機会が増えてきたということです。

また書籍に関して言えば、電子書籍は紙の本に比べて可搬性や検索性が圧倒的に上がった一方で、「前後に行ったり来たり」しながら全体像をつかんだり、忘れてしまった前の記載を参照したりしながら読むことはやりにくくなった側面があるのは、新聞→個別Ｗｅｂ記事という変化に近いのではないかと思います。

さらに別の例で言えば、オンラインショッピングによって「棚全体を見ながらものを選ぶ」という店舗での買い物経験がスマホの画面で表示される「数行の」選択肢から選ぶという、これも良くも悪くも選択肢が絞られた（視野が狭くなった）状態での買い物への移行が起こっています。

これらにおいては、典型的に本書のテーマの「世界の広がり」（潜在的な選択肢は無限に近く広がっている）と「視野の狭まり」（でも実際にはシステムによってそもそものフィルターがかかっているために自分が見る視野がせばまる）が現実のものとなっていることがわかります。

ここでむしろ本書のコアのテーマに近い「もう一つの視野狭窄」が同時に起こっていることは（これも目に見えない世界であるがゆえに）なかなか気づかれていません。

それは、ピラミッドの縦方向、つまり抽象度に関する視野の狭窄化です。縦方向の視野が狭くなるとはどういうことなのでしょう。それは一言で表現すれば、「関係性の喪失」です。

物理的な視野が狭くなることによって、個別のものが「ぶつ切りに」扱われることで、見ている対象と前後・左右・上下（物理的にも概念的にも）の関係を考えることが圧倒的に少なくなっているのです。

先に挙げた例における「関係性の喪失」とは何かを補足しておきましょう。

地図とナビアプリの違い、それは全体の道やマイルストーンのつながりを見ているかどうかです。ナビアプリでは極論、メインで表示される画面上では最初は全体像が示されるものの、一度案内が始まると「一つ先の曲がり角」のことしか見えておらず、道路がどのようにつながって出発点から最終目的地に着こうとしているのかを把握することは困難です。同様に文章を読むときも、原理的にはネット記事をスマホで読むのとミクロのレベルでやっていることは変わりませんが、全体のストーリーがどんな構造になっていて、いま大体全体のどの辺にいるのかといったことは、（まさに地図とナビアプリの関係と同じように）把握が相対的に困難です。

時刻表でいえば、電車同士の「時間間隔」が空いているのか、詰まっているのかとか、特急と急行、各駅停車の頻度がどの程度なのかといった関係性はアプリの検索結果の画面で「次の電車がいつ来るか」だけ表示される掲示板では把握は困難です。

さらに実店舗販売からネット販売への変化においても、店舗における棚同士の関係性や、棚の中での配置といった商品の関連性という概念はスマホでの購買経験では意識することは少ないのではないかと思います。もちろん、デジタルの世界では購買履歴の関係性がＡＩ等によって飛躍的に活用されてはいますが、それは「縦方向」の抽象度を上げた関係性というより「横方向」の単なる相関の多寡という関係性の色が濃くなっています。

このように、「スマホによる視野狭窄」は大きく２つの方向性で起こっており、特に「見えにくい縦方向」の視野狭窄は私たちの抽象の世界への感度を低めている可能性も大いにあると考えられます。

「人がいない」ところに出すからキラーパスになる

大企業や伝統的な企業で新規事業やイノベーションが進まない理由の一つも、この「見えないものを見る」想像力・創造力の欠如にあると言ってよいでしょう。

「見えないものを見る」ということについて、例として、サッカーでプレイヤーＡから

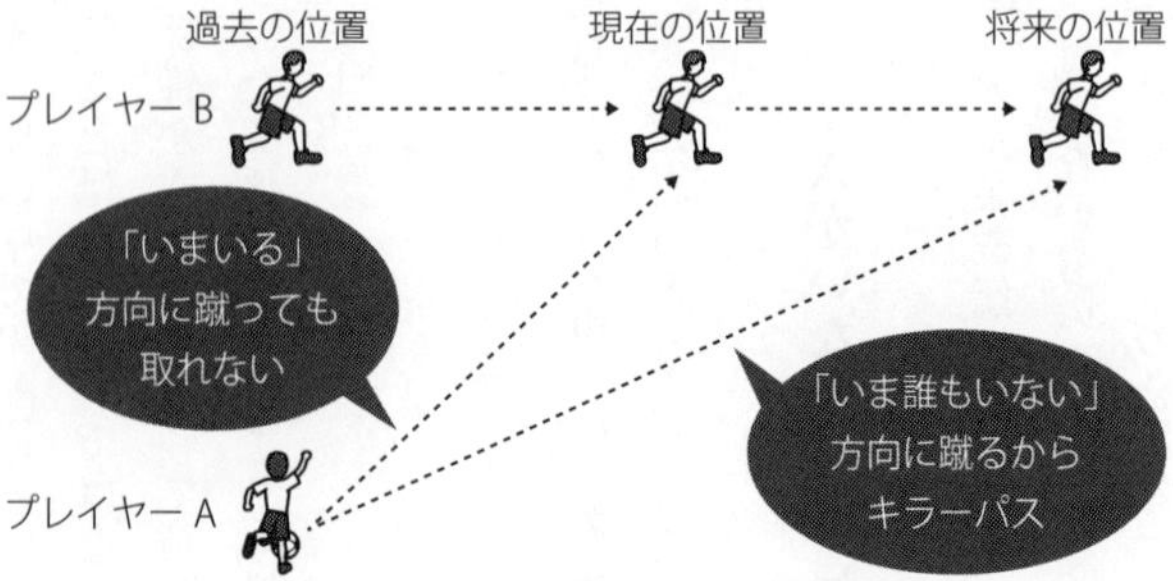

【図10】 サッカーのパスの例で見る想像力・創造力の欠如

Bへパスを出す場面を考えてみましょう（図10参照）。

全力で走っているプレイヤーBに対してパスを出す際、「いま見えているプレイヤーB」に向けてパスを出す選手がいるでしょうか？ もしそうしたら間違いなく言えることは、そのボールがプレイヤーBに届くことはないということです。ボールが届くころには、全力疾走しているプレイヤーBはボールのはるか前方に行っているからです。

当然のことながら、プレイヤーBにパスを送ろうと思えば、プレイヤーAはBの動きを「先に読んで」、いまBがいないどこかにパスを出す必要があります。

このような「小学生にもわかること」が、実際に理解されていないように見えるのが実際の社会やビジネスの世界です。「競合他社がヒット商品を出したので、あわててその真似をして同様の製品を開発しはじめる」「いま、人手がないデジタル人材をこれから育てよう」といったように、「いま売れているもの」から直接的に発想する人がほとんどと言ってよいのではないでしょうか。

もちろん、これもサッカーのパスが近距離であれば、いまいるプレイヤーの位置が有力な情報になるのと同様に、短期的にはこのような作戦が功を奏することが多々あります。しかしながら、同じ発想を新規事業やイノベーションのように、長期的なスパンで考えるものに当てはめるには無理があることに気づいている人は、意外に少数派です。

近距離の見えるものから判断することは、「過去のデータを論理的に分析して予想する」ことです。それは、過去と現在を反映するものではあっても、その後どうなるかはいくら過去のデータを分析したところで完全に予想することは不可能です。そうであるにもかかわらず、新製品開発の意思決定に「売れる証拠を見せろ」というのは、先のパスの例でいう「何秒後かにそのプレイヤーBがプレイヤーAがパスを出そうとするところにいる証拠写真を見せろ」と言っているのと同じなのです。

見えるものに惑わされるのは、「頭の固い大人」に限った話だけではありません。就職人気ランキングに見られる構図も、基本的にこの構図と同じと言ってよいでしょう。

多くの学生たちは「いま元気に見える企業」や「いま活躍している先輩たち」を見て、そこを目指してしまいます。まさに「いま見えているものを追いかけている」わけですが、これが先のサッカーのパスと同じ構図であることに気づいている人は少ないでしょう。「いま活躍している先輩方」は、その会社や業界に誰も注目しない時代に入社したから活躍し、実績を上げている可能性が高いのです。

もう何十年も前から多くの社会人が「就職ランキングに載ったらその会社や業界はもう落ち目である」ことを繰り返し唱えているにもかかわらず、相変わらずこの構図は変わっていないし、また人間の「見えるものに惑わされる」性質も、半永久的に変わることはないでしょう。

だからこそ、あまりに当たり前なこの構図に気づくだけで、より広い視野を持つことができるのです。本書は、そのようなものの見方を養うために役立てればよいと思います。

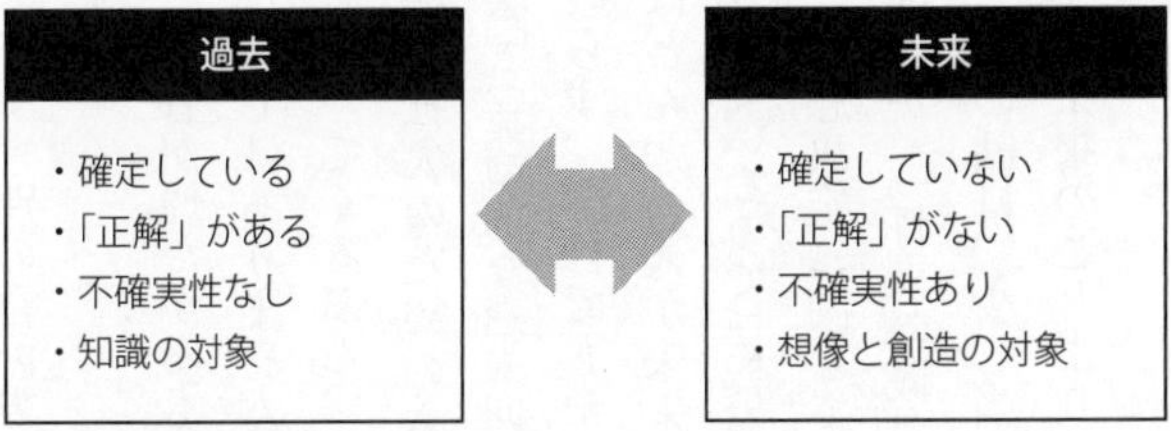

過去	未来
・確定している ・「正解」がある ・不確実性なし ・知識の対象	・確定していない ・「正解」がない ・不確実性あり ・想像と創造の対象

【図11】　過去と未来の違い

「見えるもの」とは過去の投影

見えるものと見えないものを時間軸でとらえれば、先の問題で表現した通り、見えるものとはすでに起こったこと、つまり過去のことであり、見えないものとはまだ起こっていないこと、つまり未来のことととらえることができます。

過去と未来というのは現在を境目にして考えると、「右と左」、「プラスとマイナス」のような「反意語」のようにも見えますが、これらは性質が異なる全く違う種類のものであるととらえることができます。これらの違いを示すと図11のようになります。

過去は確定していますから、いわば「誰の目にも見える」もので、正解があり不確実性がないという知識力の世界で、逆に未来は、正解もなく不確実性が高い想像力や創造力の世界です。別の言い方をすれば、未来というのは描いている人の頭の中にあるものなのです。

若者が煙たがるものの代表として「年配者の自慢話」があります。別に年配者に限った話ではありませんが、「未来より過去を語りたがる」傾向は、経験してきた量が大きくなってくるぶん、年配者に圧倒的に強くなっていきます。年配者になれば「ビジネス機会拡大のためのネットワークの懇親会」(つまり未来に向けてのもの) よりも「同窓会」(典型的な過去向き志向の産物) が多くなっていきます。これは人間個人の話だけに限らず、会社でも全く同様のことが起こります。生まれたばかりのベンチャー企業では、ほとんどの人が未来を語るのに対して、伝統のある大企業になれば (膨大な過去が蓄積されているので) 皆が「前例」や「過去の成功体験」に生きています。

意思決定に関しても、「過去の実績と前例」という見えるものを強く意識しながら行うのか、「将来の機会やリスク」を評価するのかという違いが同じように現れます。

この話は、少し当たり前かつ極端な例かもしれませんが、人は自然にしていれば見えない未来のことよりも、見える過去からの発想が多くなります。

「あるもの」からの発想と「ないもの」からの発想

ここまでの話を言い換えると、見えるものとは「いまあるもの」、見えないものとは「いまないもの」という切り口が出てきます。つまり物理的に存在していなくても「いまあるもの」（私たちが共有している常識や暗黙の了解等）は、むしろ本書でいう「見えるもの」に近い挙動を示すことになり、逆に「いまないもの」は、将来的には物理的に存在するとしても（五感を超えた想像力や創造力を駆使する必要があるという点で）「見えないもの」ということになります。これは本章のはじめの各問題で2つの選択肢を比較しながら示した通りです。

私たちが何かを発想する時、例えば売上を向上させるためにやるべきこと、地球温暖化を食い止めるためにするべきこと、公園をきれいにするためにやるべきことなどをリストアップする時に、まず頼る思考回路が、「既にあるもの」からの発想です。

既に過去にやった類似の活動を思い浮かべ、それを少しだけ変えるというのが最も考えやすいパターンではないでしょうか。

「あるものから」の発想	「ないものから」の発想
・具体的なものに着目	・具体的なものを抽象化
・過去の経験と知識重視	・想像と創造重視
・既に起こった過去を語る	・まだ起きていない未来を語る
・データと論理重視	・直感とアブダクション重視
・受動的	・能動的

【図12】「あるものから」の発想と「ないものから」の発想の比較

「あるものから」のほうが賢そうに見える

このような見えるものと見えないものの構図を見てくると、世の中のある構図が浮かび上がってきます。ごく単純化して表現すれば、世の中の人は大きく「あるものから発想する」大多数の人と、「ないものから発想する」少数の人という関係で成り立っていることになります。

これらの比較を図12に示します。

ここまでで述べたように、あるものとは最も簡単な目に見えるもの、あるいはもう少し広義にとらえれば「五感で感じられるもの」という具体的なものであり、これはどんな人でも（動物でも）感じることができます。ところが「ないもの」というのは、五感では直接感じることはできない抽象的なものや概念なので、これは意識してとらえようとしている人でなければとらえることもできません。（動物におけるこのような能力は、少なくとも現状人間が持っている知見からは人間に比べれば）はるかに限定的なものであると言えます。

このような違いは普段の言動でどのように現れるかといえば、先にお話しした「過去に目が向いているのか未来に目が向いているのか」の構図と全く同じです。「あるものから」の発想の人は、常に「事が起こってから」そこに受動的な反応を見せます。特に他者の失敗に対して「賢者の視点から」コメントする人というのが、典型的な「あるものから」の発想です（「後知恵バイアス」とも呼ばれます）。

このような人は「賢者の視点から」物申すので、一見賢そうに見えるのですが、考えてみれば常に「事が起こってから」（特に失敗等のネガティブな事柄について）物申しているので、ある意味これは、実は「後出しじゃんけん」と同じなのです。ところが多くの「賢者」の中にはこのような「あるものから」と「ないものから」の発想の非対称な構図に気づいていない人が多く、これがネット等を中心として「物申す賢者」が世にあふれている理由の一つです。

これとは逆に「ないものから」の発想の人というのは、常に「まだ起きていない」未来に向けてリスクをとった発言をし、そして行動を起こします。したがって結果としてそれは裏目に出ることも多く、先の「後出しじゃんけん」の人たちの攻撃の的になるというわけです。

何事もデータとエビデンス（証拠）を基に語ろうとする人がいます。もちろんこれはフェイクニュースがあふれる現代においてとても重要なことなのですが、ここには一つ重要な視点が抜けていることがよくあります。それは、あくまでもこれが通用するのは「データやエビデンスが存在するような世界において」という前提条件です。これはつまり、「既に起こったこと、あるいは過去について語る場合」さらには、「過去の延長上に未来が確実にあるような場合」に限定してのことなのです。したがって、常にデータやエビデンスに基づいて論理的に説明することが全てであるという人は、逆に言えば、視野のほとんどが過去を向いていることになります。しかしＶＵＣＡの時代では、「見えないもの」を語る必要性が圧倒的に上がってきているのです。

10年先の施策を考えたり、未曽有の災害に対処したりする場合、常に「証拠を示せ」というのが無理であることは、これまでの議論から明白でしょう。未来を語る、つまり「ないものから」の発想には、そもそもデータもエビデンスもないことのほうが多いのです。

このような偏見のように私たちは認知バイアスと呼ばれる様々な「抽象のストック」を持ってしまっています。これについては第6章で詳しくお話しすることとします。

第3章

「見えないもの」としての抽象

ここまで様々な形で「見えないもの」について、その重要性やなぜ見ることが難しいか等を紹介してきました。本章では、見えないものの正体を抽象概念であると位置づけ、抽象化というものが人間の生活にどのような影響を与えているのかを考察していきます。

見えないものの正体

第1章で、動物と人間とでは見えている世界が違うと述べました。これが実際にどのような違いになっているのか、それを抽象化という観点から比較していきたいと思います。

図13を見てください。

実際に存在している具体的な世界をありのままに近い姿で見ている状態が左側だとすれば、高度な知的能力を持つ人間は、そこに様々な抽象概念を持ち込んでそのフィルターを通して世界を見ているのです。

もちろん動物にも知能はあるので、全く抽象概念の世界がないわけではないですが、ここではシンプルに抽象概念の有無という形で表現しています。同様に抽象概念という

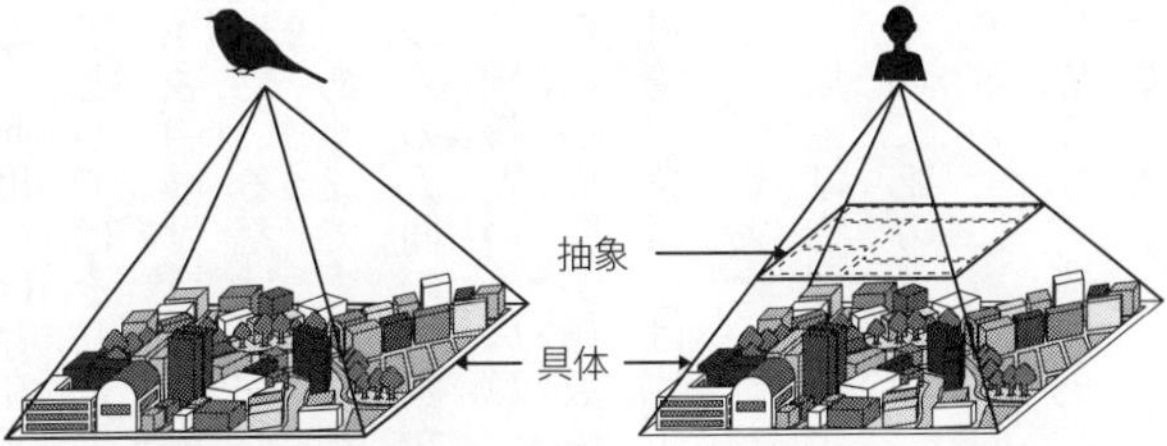

【図13】 抽象化とは全体像を見ること

のも単に一つの層が存在する「あるかないか」の世界ではなく、人によってその層の数、あるいは抽象概念の多寡は異なり、実際にはアナログ的に様々なレベルが存在する連続的な変化になっています。きれいに段階的に分かれているわけではないですが、「低層」の人もいれば「高層」の人もいるということです（第5章で詳細に定義します）。

抽象概念のレイヤーの正体は、次章で詳説しますが、なんらかの線引きというイメージです。

わかりやすい線引きの例が国境です。図13の左側の「鳥」になって空から地表面を眺めてみましょう。当たり前ですが、そこに見えるのは広大な大地や海、あるいは森林、あるいは人間が作った都市など様々ですが、「国境」という線引きは一切存在しません。もちろん実際の国境は大河等の自然の境界に沿って設定されたりしますから、そこには「たまたま国境と合致する」河川等は存在するかもしれません。しかしそれはあくまでも河川があるだけで、鳥にとってはそれ以上でも以下でもありません。また、国境沿いには壁が設けられることもありますが、これとて鳥には他の壁と同じように、単に物理的な垂直の構造物が存在しているだけで、そこになんら特別な意味を見出すわけではありません。

あくまでも国境というのは、人間の頭の中だけに存在する概念であり、それによって多くの人間の行動が制約されたり、あるいは守りの要塞になったりするわけです。

国境というのは一つの例ですが、私たちの身のまわりには、このように人為的に設けられた境界が無数に存在します。日本だけでも国境の下位概念として都道府県境や市町村境、あるいは「丁目」や「番地」の境等を入れれば、ありとあらゆるところに線が広がっているというわけです。

以上は物理的な土地と密接に結びついたものでしたから、比較的文字通りの線に近いものでありました。しかしこれを「縄張り」ととらえれば、比喩的に用いられる「縄張り争い」に表れるのは、物理的なものではない「責任範囲」や「権利の範囲」といった境界です。典型的な縄張りは役所の担当職務といえるでしょう。役所に行って用を済ませようとしたら、「それは隣の部署です」「そこから先は担当部署が違います」などという、いわゆる「たらい回し」にあった経験は、ない人のほうが少ないと言ってもよいのではないでしょうか。

これは、民間企業も含めたほかの組織においても起こります。

国家や様々な行政単位、あるいは会社などでの組織の役割分担など、このような線引きは人間がなんらかの共同生活を進める上でのルールと表裏一体のものです。つまり、このような線引きこそが、動物では到底扱うことのできない大量の成員からなる組織運営を可能たらしめているのです。とかく大きな組織で揶揄されることの多い「お役所的官僚主義」ですが、これこそが組織運営の要諦なのです。何事にも長所があれば短所もあり、短所のほうが目立ちやすく取り上げられやすいという構図は、「線引き」による官僚主義にも当てはまります。

言葉という抽象化

人間が生み出した代表的な抽象化の産物として挙げられるのが、「言葉」です。前述した集団を運営するために編み出した様々な概念というのも、それと表裏一体の言葉や言語が不可欠です。つまり、人間は言葉や言語という抽象概念と、それを表現するための文字や記号を生み出し、それによって様々な概念を操ることで、集団生活を有効に営み、知識を生み出し、伝承し、様々な科学技術を生み出し、活用することで高度な社会生活を営むことが可能になったのです。

例えば、みかんやリンゴやバナナのような具体的なものをまとめ、「果物」という名前＝概念が生まれます。果物というのはバナナやリンゴと違ってそういう名前のものが存在するわけではありません。また「果物（という概念）の絵」というのは描くことはできません（「果物の具体例」の絵はいくらでも描くことはできます）。さらに言えば、一見具体的に思える「リンゴ」という言葉も、例えば具体的に1999年12月31日に北海道の佐藤さん宅の食卓に並んでいるリンゴと、2022年2月1日に沖縄の比嘉さん宅の食卓に並んでいるリンゴを総称して「同じもの」だと言っている点で、空間も時間も超越した抽象化を可能にしている言葉なのです。

つまり、話を元にもどすと、「果物」のような言葉や概念を手に入れたことによって、人間はいちいち個別具体の果物を一つ一つ挙げることなく、「まとめて同じもの」と扱うことができるようになったのです。これによって、「果物は体に良い（とか悪いとか）」といった表現ができるようになりました。これは言葉全般に言えることで、言葉というのは「同様のものをまとめて一つに扱う」という抽象化の考え方と、表裏一体のものなのです。

数という抽象化

続いて、言葉とならび人間が抽象化の産物として生み出したもので、人間の生活を大きく変えたものが「数」です。数があるから数学が生まれ、物理学や経済学が生まれ、その他の科学が発展しました。科学がどれだけ私たちの生活に貢献しているかを考えれば、この数というものの威力がわかるでしょう。この後解説する「お金」という概念も、数なしで語ることはできません。経済活動というのも、数がなければ生まれていなかったわけで、どれだけ「数」というものが人間の生活に貢献し、基礎となっているかはいくら強調してもしすぎることはありません。

そもそも数とは何でしょうか？ これも先の言葉と同様に、抽象化の産物であることがわかります。みかん3つもリンゴ3つもバナナ3つも全て「3」という数＝概念を用いることで、みかん3つとみかん3つを併せると6つになるという「3＋3＝6」という計算を全ての果物、ひいてはありとあらゆる事物について適用することが可能になります。

これによって、「みかんの数え方」も「リンゴの数え方」も全ては同じであると考えることが可能になります。

これが算数になり、さらに高度化されて数学という形で、ありとあらゆるものをまとめて扱う理論体系が作り上げられ、それが科学技術となって私たちの生活を次々に豊かにしてきたのも、数という抽象化によってだったのです。

お金という抽象化

「お金」も、抽象化が生み出した、私たちの生活に欠かせないものとなっているものです。前項でお話しした「数」の応用例の代表です。

私たちの生活がいかにお金という存在なしでは成り立たないかは、もはや説明の必要もないでしょう。ここで言っているのは「お金がなければ何も買えない」といった形での金額の話をしているのではなく、そもそもお金という概念が存在していなかったら、という意味です。

そもそもお金とは何かというのは、極めて根源的かつ抽象度の高い問いになります。

「お金とは信頼の大きさの表現である」といった類いの説明は、極めて本質的であるものの、抽象度が高く、多くの人に何となくは理解できるものの、すっきりとしない定義ということになるでしょう。

本書のテーマであるメインテーマの「抽象化」と関連させれば、お金とはいわばものの価値を抽象化したものであり、例えば「５００円」といえば、「バナナ３房」も「コーヒー１杯」も「コンビニの弁当」も「電車の運賃」も「コインロッカーの利用料」も全て同一の指標で表現することができます。

このような抽象化によって、これらの価値交換をすることが飛躍的に容易になるというわけです。

「目標○○円」という幻想

どこの会社も、会社の方向性を示したり長期の目標を示したりするのに数字を用います。そこでは概ね「区切りの良い」数字、例えば「コストダウン１億円」「売上目標１兆円」といった数字が用いられます。ところがこの１兆円という数字に、実質的に意味

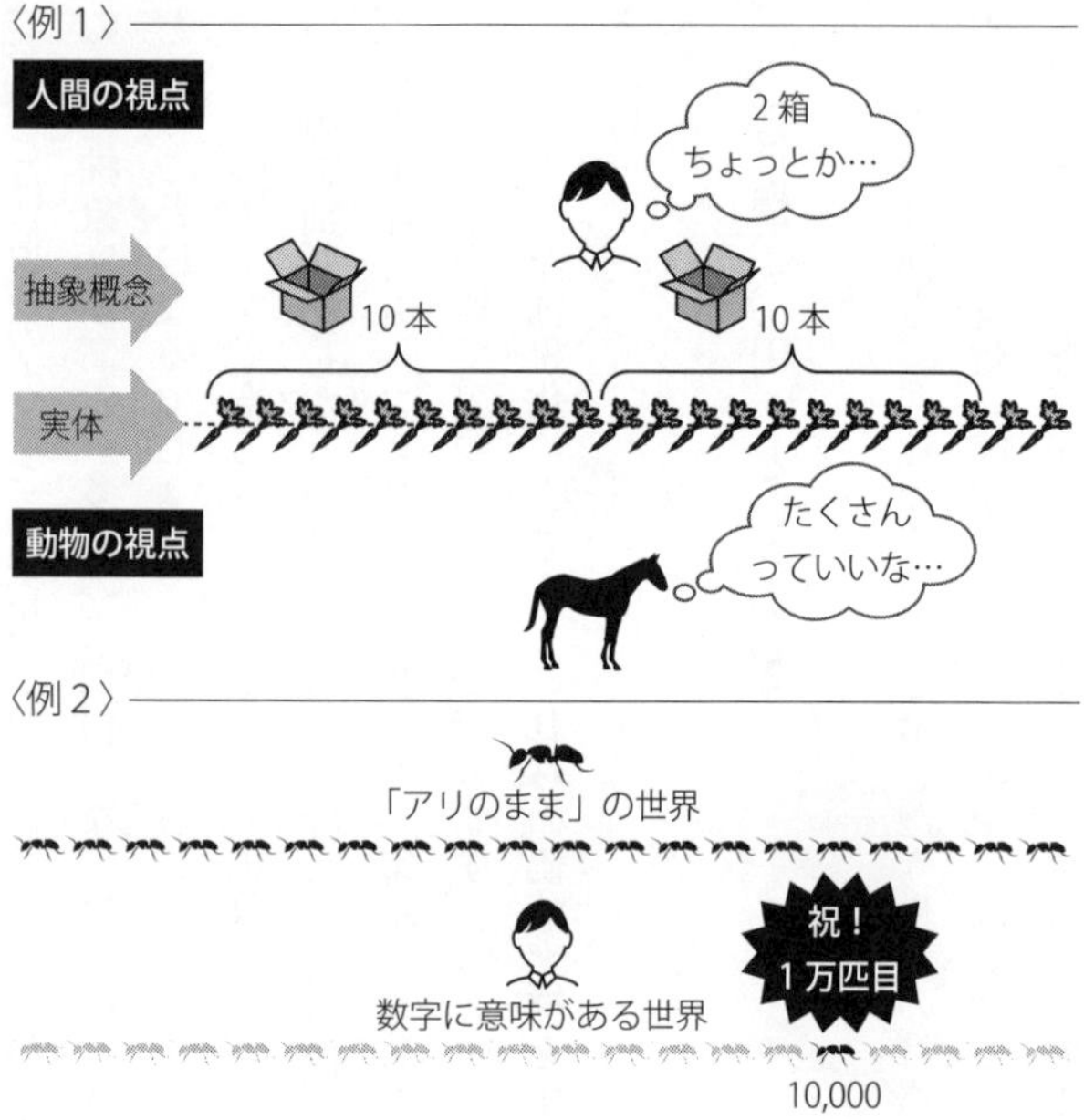

【図14】 十進法がある世界とない世界の違い

があるのかと言われれば、決してそんなことはありません。

例えば1兆円になると税率が下がるとか、1兆円になると世界中の人に製品が届けられるようになるとか、そういう目に見える実体に1兆円未満と以上で不連続な変化が起きるわけではありません。これは単なる「十進法の魔術」です。人類が用いている記数法として十進法が採用されているために10億円、100億円といった「区切りのよい」数字が認識されるだけであって、違う記数法を用いた世界があるとすれば、そこでは十進法で区切りが良い数字は、特に「何の意味もない数字」ということになります（十進法そのものは人間の手足の指の数に由来するといった起源や背景はあるにしろ、絶対そうでなければならないという必然性があるわけではないということです）。

同様のことが、車のナンバー等に関する人々の意識についても見られます。

例えば「１１１１」とか「１２３４」という数字に私たちは特別な意味を見出します。ところがこれらは、人間が見えない抽象概念の世界で作り出した十進法でのみ成り立つ現象です。十進法がない世界（例えば動物が見ている世界）においては、「蟻が１１１０匹いるのも１１１１匹いるのも１１１２匹いるのもなんら個性のない「単なる一つの数」でしかありません。

人間のテーマパークなどでよくある「○万人目のお客様に記念品」などというのは、「蟻の世界のテーマパーク」（なんてものがあるとしたら）では成り立ちません。恐らく淡々と一匹一匹が入場していくだけです（図14参照）。

「日付変更線」という線引き

私たちが時間を区切って認識しているのも、見も知らぬ人同士が社会生活を送る上での知恵といえます。

例えば、1日はもちろん地球の自転に由来する必然性がありますが、その1日を24時間という単位で区切ることは人間のルールであり、同様に60分や60秒というのも、人間がある意味で勝手に設定した線引きです。このような時間が生み出す別の線引きが、地球を子午線方向に24分割したタイムゾーンという考え方であり、その代表が「日付変更線」です（もちろんこれら「24」や「60」という数字はエジプトの十二進法からきているとか、その12は年間の月の満ち欠けからきているといった「背景」や「理由」はありますが、特に絶対そうでなければならないという必然性があるわけではないのは、いくつをひとまとまりにするかという点で「十進法」と同様です）。

もちろんこれは、人間が恣意的に設定した線引きであるので、これを超えると突然カレンダーの日付が進んだり遅れたりするというのも、考えてみればおかしな話です。これもまさに人間が作り出している虚構の世界の一つということができるでしょう。時間を統一したり、世界中に標準時を設定して時差を設けたりすることで、地球上の人間たちが共通の時間認識の上で話せるようになっているのも、強力な虚構の一つです。

同様のことは「サマータイムの導入」にもあてはまります。サマータイムを導入しようがしまいが、物理的な事象に影響が及ぶわけではありません（動物は一切違いには気づきません）。もちろん、それによって会社や商店の営業時間にずれが生じることはありますが、これとて単に先に述べた「線引き」の問題ですから、基本的には人間がどのように物事を見るかという「気持ちの問題」だということです。

「物差し」という幻想

前節で述べたお金や、そのベースとなっている数という概念は、さらに別の見えないものを生み出しています。それは「指標」という物差しです。指標とは、例えば身長や体重等、定量的に比較をするための抽象概念です。何かと何かを比較するには、このような指標が必要になりますが、それを生み出したのも抽象化です。

これは鶏と卵の関係になるのかもしれませんが、このような物差しを持つことは、人間同士が比較対象になったり、それによる優劣関係の発生につながったりもします。逆に、そもそも人間が他人との比較をしたがる動物だから、物差しが生まれたと考えることもできます。これが先に鶏と卵と表現した意図です。

このような優劣関係は、コミュニティにおける階層を維持するのにも役に立っているのではないかと思います。身長や体重といった目に見える物差しにおける比較はわかりやすいですが、現代の人間は、ひそかに年収や資産金額といった指標で、表立っては口に出さないものの他人との優劣関係を測っています。営業担当者を「売上」という指標で測って優劣をつけたり、達成したコストダウンの金額で評価を行ったり、組織における物差しの有用性は限りなく大きいと言えます。

このように、人間同士の集団を維持し、発展させていくために「物差し」は必須のものであり、大きな集団で大きな仕事ができるようになったのも、このような指標を設定して比較して管理するということのなせる業と言ってもよいでしょう。

世の中には見えるものと見えないものがあるということは、本書で繰り返しお話ししていますが、そのような見えない世界にも、実は2つの階層があります。それが「物差しがある世界」と「物差しがない世界」です。物差しがある世界というのが、先に述べてきたような、その世界を測るための指標が存在する世界で、このような指標を導入することでよりよくこの世界を見ることができるようになります。

ビジネスの世界でよく用いられる管理手法として「見える化」というのがあります。これは簡単に表現すると、曖昧に見える様々な事象に「指標を設定する」ことです。例えばわかりやすいのが、お金に関することです。ビジネスの世界ですから、お金は共通言語であり、共通指標であり、そこでは様々な事象がお金という形で指標化されています。売上、コスト、利益といったものが最もわかりやすいですが、この他にも株価、在庫、売掛金、仮掛金等、直接的に体感することが難しいものに関しても、指標を明確にして、それを例えばグラフのような形で文字通り可視化してしまえば、もはやあたかも実体のあるもののようになります。そうすれば「○○を今月は□%改善しよう」という形で、多くの人を巻き込んだ活動に持ち込むことができるというわけです。

つまり、世の中は3層構造になっており、「見えない世界」を「指標がある世界」と「指標がない世界」に分け、指標がない世界を少しでもある世界に変えることで、会社を多くの人が共通の目的に向かって行動する集団としてうまく動かしていくことができるようになるのです。これも「多くの成員からなる集団をうまく扱う」という人間ならではの行動が、抽象化によって実現されている典型的な例と言うことができるでしょう。

集団という抽象化

第1章でも取り上げた『サピエンス全史』では、人間が他の動物と圧倒的に違う能力として、集団を認識し、個人でできない役割を分担をすることで、技術を駆使して巨大かつ複雑な建造物や組織を作ったり動かしたりすることが挙げられています。

ここでは、「集団や組織」というものが一体何なのかを、抽象概念との関係から語ります。私たちが普段付き合っている集団には、大きく分けて2通りのものがあると思います(図15参照)。

一つ目は「顔が見える集団」です。家族をはじめとして、学校のクラスや近所づきあい等がその代表例と言えるでしょう。この集団の中では、お互いを完全な個として、一人一人の名前を全て認識しています。つまり、ここでの認識レベルは全て具体的である

【図15】　顔が見えている集団と見えていない集団

ということです。近年、リモートワークが増えてきたことによって、このように顔の見える集団は、必ずしも地理的に近くである必要性は少なくなってきているものの、基本的に「物理的に近くにいる人たち」の間で構成されていることが圧倒的に多いと思います。

このような集団であれば、動物の中にも同じような行動をしているものもいるでしょう。サバンナでのライオンやキリン、あるいはシマウマ等は、物理的に一緒に生活している集団を仲間と認識して行動していますから、その点では人間と大差ないと言えるでしょう。さらには哺乳類のような動物でなくても、アリを代表とする虫や魚も、「群れ」という形で同じようなグループを構成しています。動物のそれとは少し違うかもしれませんが、いずれにしても地理的に近い構成員のみで集団が構成されていることは一緒と言ってよいでしょう。

ところが、もう一つ先が人間の人間たるゆえんの集団の定義になる「顔が見えていない集団」です。人間が他の動物と圧倒的に異なっているのは、実際に見たことも会ったこともない（つまり具体レベルで認識していない）人までも集団として認識できることで、文字通りケタ違いの人たちとのコラボレーションが可能になり、それによって先に述べたような科学技術や概念を飛躍的に多種多様、かつ大規模に活用することができるようになっているのです。

集団の構成員の数で考えれば、「顔と名前が一致する集団」と言えば、せいぜい数百人レベルということになるでしょう（「ちょっと大きめの中学校や高校の全校生徒」といったイメージです。とはいえ中学校や高校だって、学年が違うとなれば、恐らく顔と名前の一致は難しくなるのではないでしょうか）。

いずれにしても、「顔の見えている集団」というのは、数百人レベルが限界ということになるでしょう。近年ではSNS上で「友達が4ケタいる」という人も珍しくはないでしょうが、それはあくまでもSNS的な定義による「友達」であり、本当に顔と名前が一致して、一人一人の人となりを全て把握した上での「友達」ということでは恐らくないのではないかと思います。

ところが人間は、数千人、数万人、そしてさらには「数億人」という単位まで、一つの集団として認識することができ、そのように会ったこともない人たちを「同志」として認識することができます。例えば同じ学校の卒業生ということになれば、数千人規模以上にはなるでしょうし、同じ市や県の出身者（「県人会」等）という視点で考えれば、自治体によっては万の単位（場合によっては数十万人から数百万人以上？）にもなるでしょう。

このように「会ったこともない人を同志と感じられて一つの集団を形成する」というのは、どういうメカニズムで起きるのかを考えてみましょう。あまりに誰もが当たり前と考えていることで、改めて考えたこともないかもしれませんが、あえてそれを言語化してみます。

要は集団というのは、なんらかの共通点を持った人たちのことで、それが具体的な共通点のこともあれば、抽象的な共通点であることもあるということです。もっともわかりやすい「具体的な共通点によるグルーピング」が、地理的に存在している場所が同じ（近い）ということで、これが人間でいうご近所さん、動物でいう群れということになるでしょう。

もちろん動物も人間も、地理的な近さに加えて「血のつながり」という物理的な共通点もあります。一方で「親子関係」といっても、実は生物学的なつながりという物理的なつながりもあれば、養子関係や義理の親子関係等、物理的でない関係もあります。

物理的でない関係性は、また別のところで論じるとしますが、まずここでは物理的近隣性以外の集団における共通点について考えてみましょう。確かに「同郷出身」という場合には、地理的な共通点であることには違いないですが、例えば「同じ県出身」といっても、実際には隣の市町村を越えてしまえば行ったこともない場所のほうが多くなるのではないでしょうか。この場合、「同県」とはいっても物理的かつ具体的な（体感できる）共通点でのつながりというよりは、「市」や「県」といった抽象概念としての空間が共通であるという要素が大きくなるのではないかと思います。

つまり、ここでの市や県というのは、もはや物理的な場所をイメージしているというより、抽象化された「概念的空間」をイメージしていることになるでしょう。同様に、集団は例えば「同好会」のように、趣味が同じである、あるいは同じ宗教を信じているといったような、心の中にある目に見えない共通点によっても形成されます。

「市町村」や「都道府県」をさらに拡張させていったものが、「国家」ということになりますが、このレベルになると完全に「同じ国籍を持った人」という形で、概念的な要素が大きくなっていきます。スポーツ観戦では、たとえ本国を離れた海外で初対面の人であっても（むしろそういう状況のほうが）、一瞬にして「同志」として肩を組んで一緒に応援までしかねないほどの共感を持ってしまうのは、まさに「見えないものによる幻想」のなせる業と言ってもよいでしょう。

第4章　抽象化とは線を引くこと

本章では、ここまで述べてきた見えない世界を、さらに抽象化して考えてみます。そもそも見えない世界とは、どういうメカニズムで成り立っているのか、抽象化という思考がこのようなメカニズムにどのような影響を与えているかを考えていきたいと思います。

抽象化とは2通りに「線を引く」こと

第3章で解説してきた抽象化とはいったい何なのでしょうか？　ここではそもそも抽象化とはどういうことかを考えていきます。抽象化には様々な側面がありますが、そこには複数の事象を共通の特徴からまとめて一つに扱う、分類する、一般化する、関係を抜き出すといった要素があります。それらの一つ一つが、全て「線を引く」という行為によって成り立っていることを確認していきましょう。

抽象化によって「線を引く」という行為は、大きく2通りに分けられます。一つ目は「何かと何かの間に境界線を引く」という意味での線を引くで、二つ目は「何かと何かとの間の関係づけをする」という意味での「線を引く」です（図16参照）。見えない世

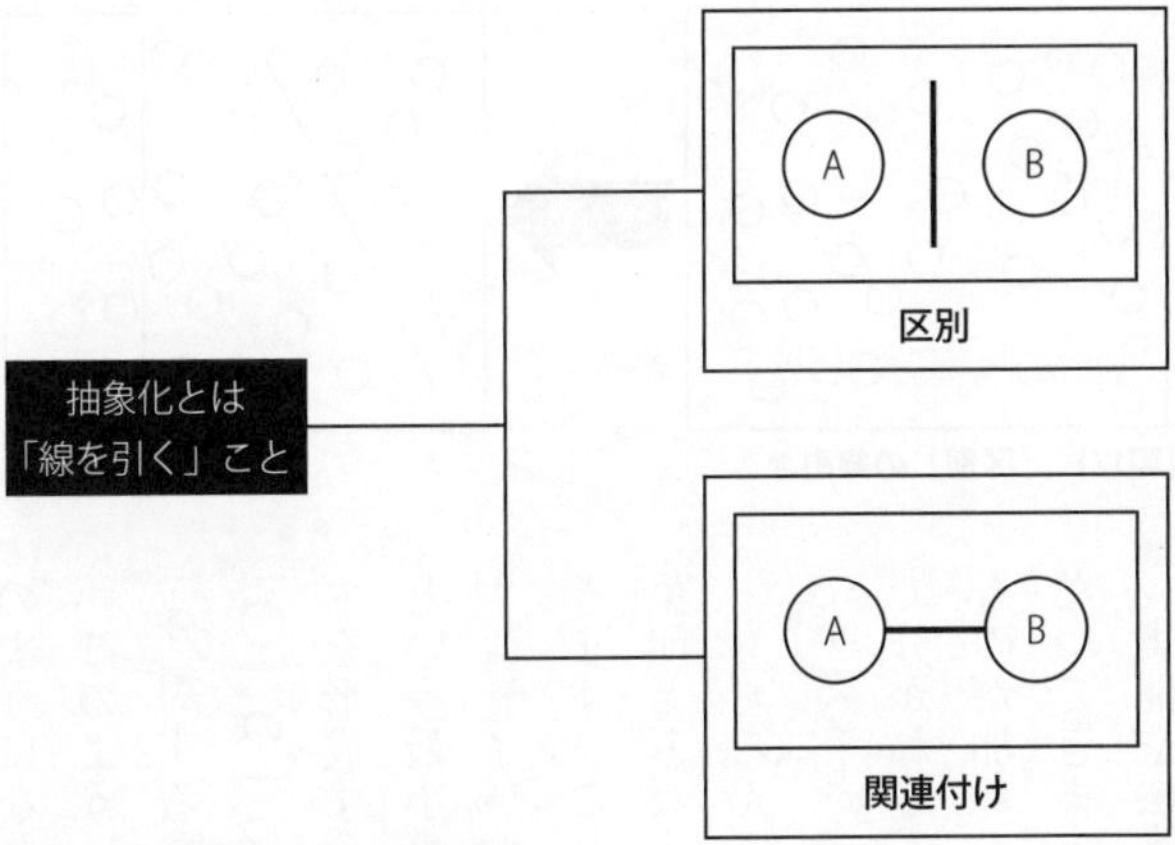

【図16】　抽象化の２通りの役割

界とは、簡単に言えば具体的に目に見えるものの間に様々な抽象のレベルで見えない線を引いていることであるというのが、抽象概念のとらえ方です。

　それらを一つずつ説明していきましょう。

「区別」という線引き

　まず一つ目の線引きが、「区別」です。

　要は、二者の間に仕切りの線を入れるというイメージです。

　図16では、単純化してAとBという二者間の線引きの違いを表現しましたが、これが多数のものに適用されれば、区別に関して図17

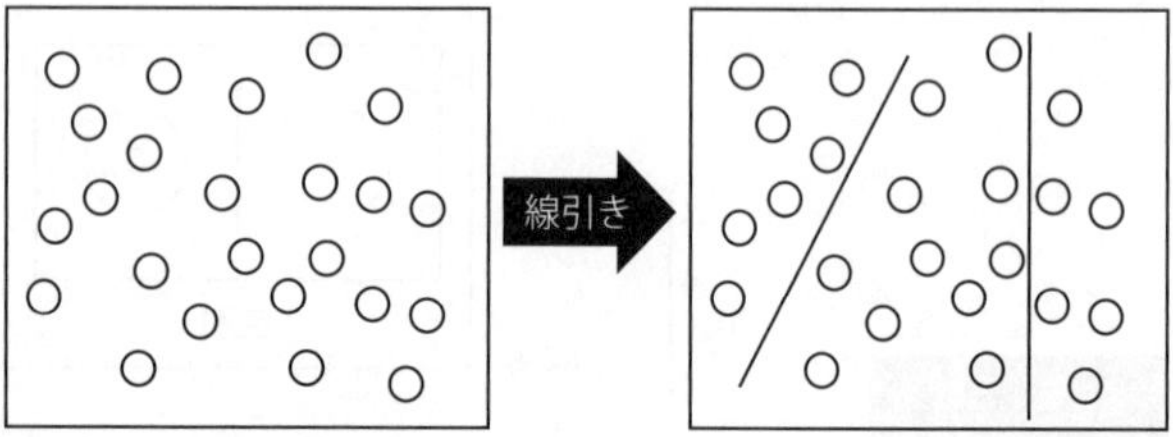

【図17】「区別」の線引き

のようになります。

このように、多数のものの間に線を引くのは、様々なものを「分類する」ことにつながっていきます。例えば、図中の「〇」の一つ一つを一人の人と考えれば、様々な仲間やグループを形成することを指します。これによって個人がまずは家族という最小単位となり、そこからさらに村や集落といったコミュニティが生まれ、やがてそれは国家という形で巨大化していきます。これも、全てどこかで線引きをしてその内外を異なる集団とみなす抽象化の発想によっています。

もちろんこのような線引きは、コミュニティのように（属しているか属していないかの2択のように）必ずしも「白か黒か」で分かれるものではありませんが、これに規則や法律のようなものが加わってくると、明確な白か黒かという線引きが必要になってきます。

規則や法律という言葉が出てきましたが、このような様々な決まりごとは、「線を引くことによる区別」の典型例と言えます。規則や法律に違反しているかどうか、罰金を適用するのであれば罰金1万円相当なのか10万円相当なのか、そこには明確な線引きが存在しなければなりません。ルールには線引きが不可欠です。誰にでもわかるような客観的な基準、多くの場合YESかNOか、あるいは数字で明確に区別することによって、法律や様々な規則が決められています。売上や収入が○万円以上／未満（税率や補助金がもらえる・もらえない等の線引き）、スピードが□キロメートル以上／未満（スピード違反の線引き）といった形で、ルールのための線引きがなされます。

ここまでお話ししてきた「集団の形成」と「ルールの制定」というのは、私たちが社会生活を営む上で不可欠のものです。つまり裏を返せば、これらに共通する抽象化という考え方があるがゆえに、私たちは多数の成員による集団を作って社会生活を営むことができるというわけです。

もちろん多くの動物だって集団生活を営むことはできますが、それはあくまでも目に見える範囲の成員数（群れの数）であったり、五感で感じることができるサイン（アリやハチ等）による行動指針によったりという、極めて具体的ものに依存する集団に限られています。そのため、人類のように世界規模で全く目に見えない、あるいは会ったこともない人たちとも同じルールを守る成員を構成するというような概念に至るのは難しいと言えます。

「まとめて一つにする」とは？

そのような区別の線引きという基本機能を応用した抽象化の最も基本的な側面が、複数の事象をまとめて一つと扱うことです。例えば、トマトやピーマン、人参などを「まとめて一つ」として「野菜」と抽象化するとか、犬、猫、牛などを「動物」とか「哺乳類」とまとめて一つにするといったことです（図18参照）。

これによって、「野菜」や「動物」という、直接目に見えない分類の言葉＝概念を次から次へと生み出していくことが人間の持つ知的能力としての抽象化です。

このような「まとめて一つにする」ことで分類名（野菜や動物等）という目に見えない抽象の世界を生み出し、トマトやピーマン、犬や猫といった複数の対象物の間に共通の特徴を見出すことで、いちいち個別にではなくまとめて扱うことができるようになり、

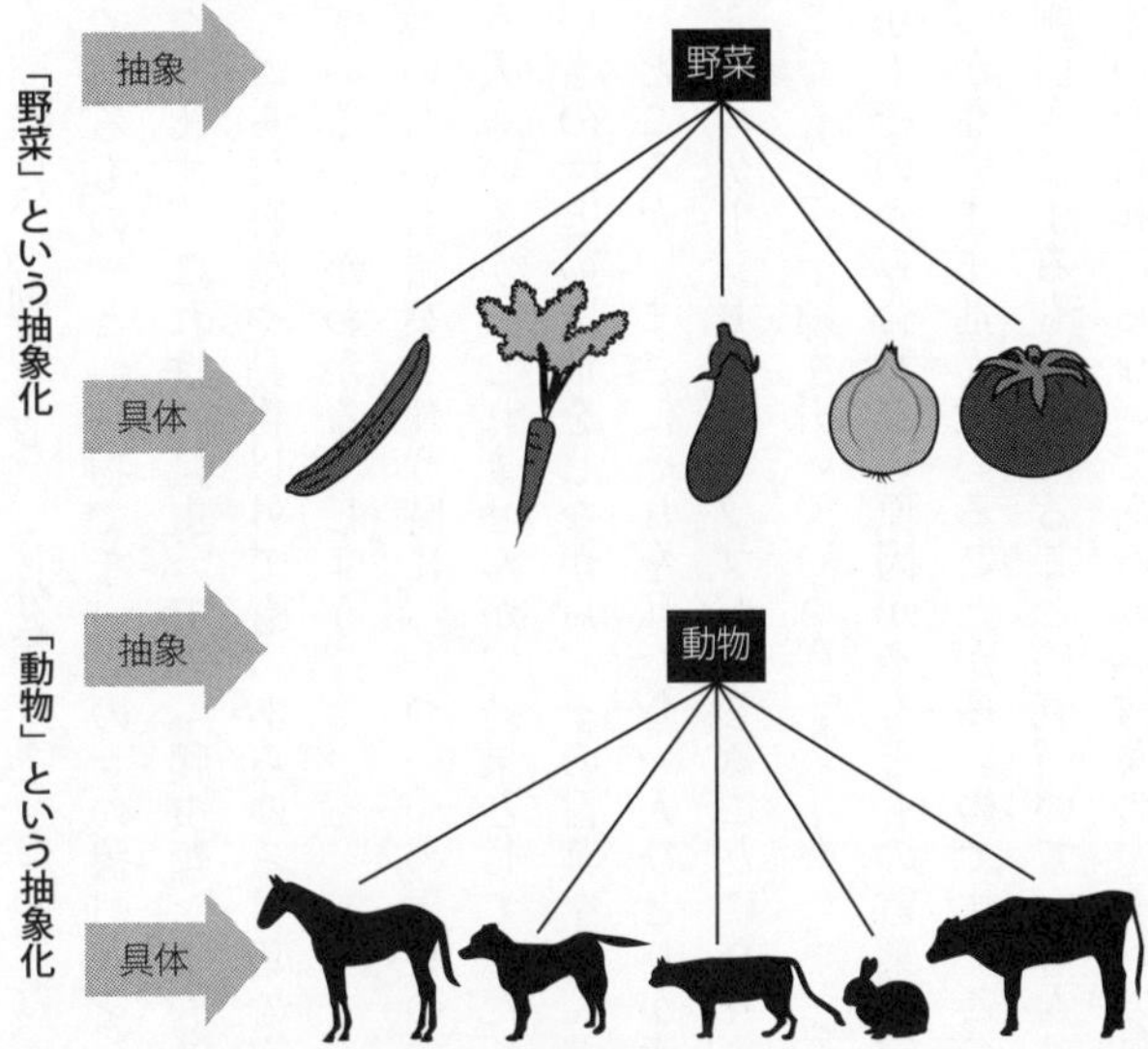

【図18】　「まとめて一つにする」線引きの例

人間の知能は飛躍的に発達してきました。

　これを別の切り口で見てみると、例えば先の野菜の例では、「野菜」という名前をつけるということは、暗にそこで「野菜である」と分類したものと、「野菜でない」他のものとの区別ができることを意味しています。図のように、「野菜」と名付けて野菜に属するものをひとまとまりにするということは、メロンやバナナといった果物との違いを明確にし、それらとの間に「線を引く」ことを意味しています。

同様に、「動物」という分類をするためには、多くの地球上の生物を観察して「動物であるもの」と「動物でないもの」の線引きをし、その線の引き方の定義をすることになります。これは「昆虫」でも「爬虫類」でも話は同じです。

さらに野菜や動物以外でも、あらゆる言葉の定義というのは同じ原理の上に成り立っていることがわかるでしょう。

「いちいち言葉を使う時に、一つ一つの言葉の厳密な定義なんか気にしていない」という人もいるかもしれませんが、結果として私たちが言葉を使う時には、常に「そうでないもの」との区別をしながら、その言葉を選んでいるはずなのです。

ところが、まさにそれを私たち一人ひとりが意識していないことによって、様々なコミュニケーションギャップが生じることになります。各々の人が話している言葉の範囲（つまりどこで線を引いているか）が、人によって異なるために話が全くかみ合わず、しかもそのかみ合わない原因がそもそもの言葉の定義の違いによることにすら関係者が気づかないまま進んでいることが多いのです。このコミュニケーションギャップの原因が線引きによるものであることに気づいている人は意外に少ないように見えます。気づいていたら起こらないであろう「言葉の定義への無知問題」はネットやＳＮＳ時代に増幅されているようにも思えます。

例えば「あの人優しい人だと思う？」という問いに対してのＹＥＳやＮＯの答えは、恐らく人によって異なることがほとんどだと思います。しかしここには大きく２つの認識の差が考えられます。一つ目は「優しい」という言葉のとらえ方（＝定義）で、もう一つはその定義をもとにした事実関係です。二つ目のほうは、比較的客観的に把握しやすいぶん、意見の相違を明確にしやすいのですが、たいていの場合、意見の食い違いは前者の「言葉の定義」のほうにあるにもかかわらず、それに気づかず会話することで食い違いの原因すら認識せずにどちらが正しいとか間違っているといった話になることが多いようです。

この他にも、「まとめて一つとして扱う」という点では、同じですが少し毛色の違う抽象化の例として、「手段と目的の関係」が挙げられます（図19参照）。

つまり、「手段」という目に見える複数のものを、「目的」という共通項でくくることで目的達成のために複数の行動を束ね、実行力を上げることができるようになるのです。

例えば、「会社の利益を向上させる」という目的のために「売上を向上させる」「コス

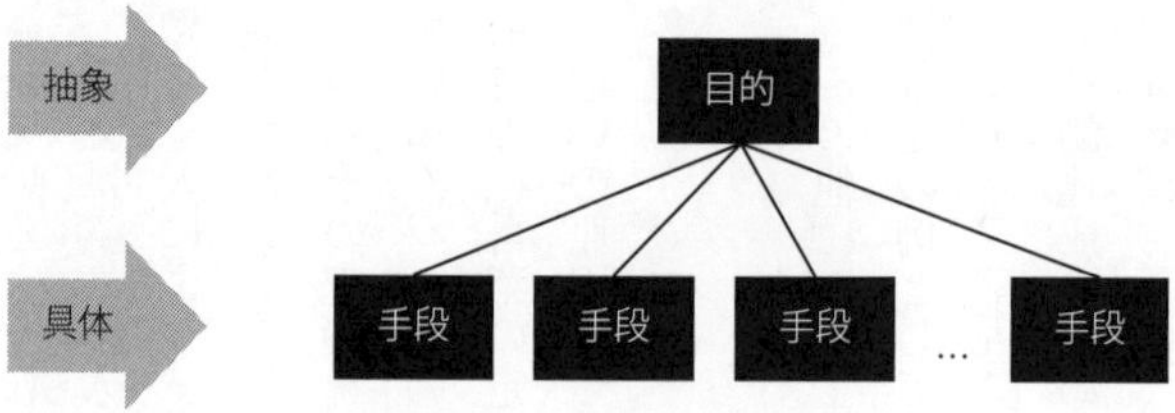

【図19】「まとめて一つにする」手段と目的の関係

トを削減する」といった手段があったり、さらに売上に関しては製品やサービス別、コストについても費目別といった形でさらに目に見える具体的な項目に分解したりすることができます。このように複数の活動を目的という一つの大きな方向で束ねることにより、それら個別の活動を有機的につなげていくことで、一つ一つの行動を個別に実行するよりもはるかに有効に目的を達成することができるようになるというわけです。

ここでも手段というのは比較的「目に見えやすい」（具体的な製品やサービスにつながっていることが多いので）ものであるのに対して、「利益を向上させる」という行為は直接具体的に表現できるものではありません（「利益を上げている」という状態を動物にも見える形で説明することは困難でしょう）。

この例からも、人間の中で「見えないもの」が見えていない人と見えている人の違いが見えてきます。見えている人というのは、常に大きな目的を意識して全ての行動が有機的につなが

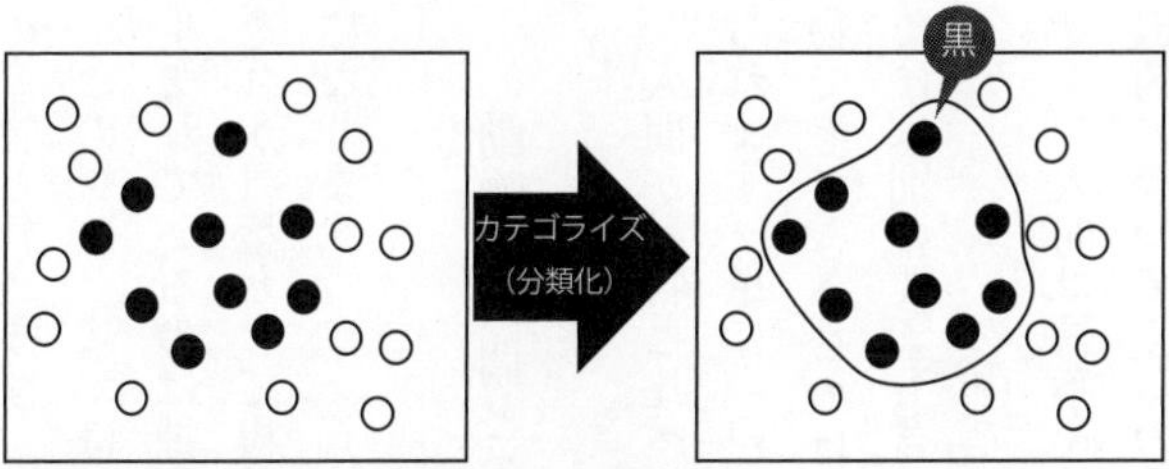

【図20】「カテゴライズ（分類化）」の線引き

っていますが、目的が見えていない人は、個別具体の活動が全てバラバラに実行されているだけで、時間やお金の使い方が有機的につながってこないために結果が出にくいというわけです。

「区別をする」という抽象化の線引きの側面の最も基本的な動作が分類、カテゴリー化です。要は「似たものをまとめて一つにする」ことです（図20参照）。

カテゴライズ（分類化）というのは、このように複数のものをまとめ、それに名前をつけて一つとして扱うという行為です。つまりここでは、そこに「名前をつける」というのが常にセットになってきます。先に述べた言葉が抽象化の産物であるというのは、このようなメカニズムによります。これが、人間が知的能力を発揮して様々な知識を生み出していく基本的なプロセスです。これも「区別」という形での抽象化の産物と言えます。

このプロセスではなんら物理的に、つまり具体レベルで生み出されているものはなく、生まれているのは抽象レベルの目に見えない抽象概念であり、そこに名前がつけられ、それが言葉として複数の人たちの間で目に見えない共通認識として用いられていくことになります。

動物と人間とのコミュニケーションの違い

人間が動物と比べて圧倒的に優れている点の一つに、コミュニケーション能力が挙げられます。単に「声が届く範囲」においての限定的なコミュニケーションであれば、動物でもできるものは多い（例えば敵を鳴き声で威嚇するとか仲間を呼ぶとか）ですが、そこには別の要素も含まれます。鳴き声や叫び声というのは、人間が用いる音声のコミュニケーションの中でも極めて原始的なもので、そこには「言葉」という要素は含まれません。人間は言葉を使うことができるがゆえに、コミュニケーションの質が動物とは圧倒的に違ってくるのです。

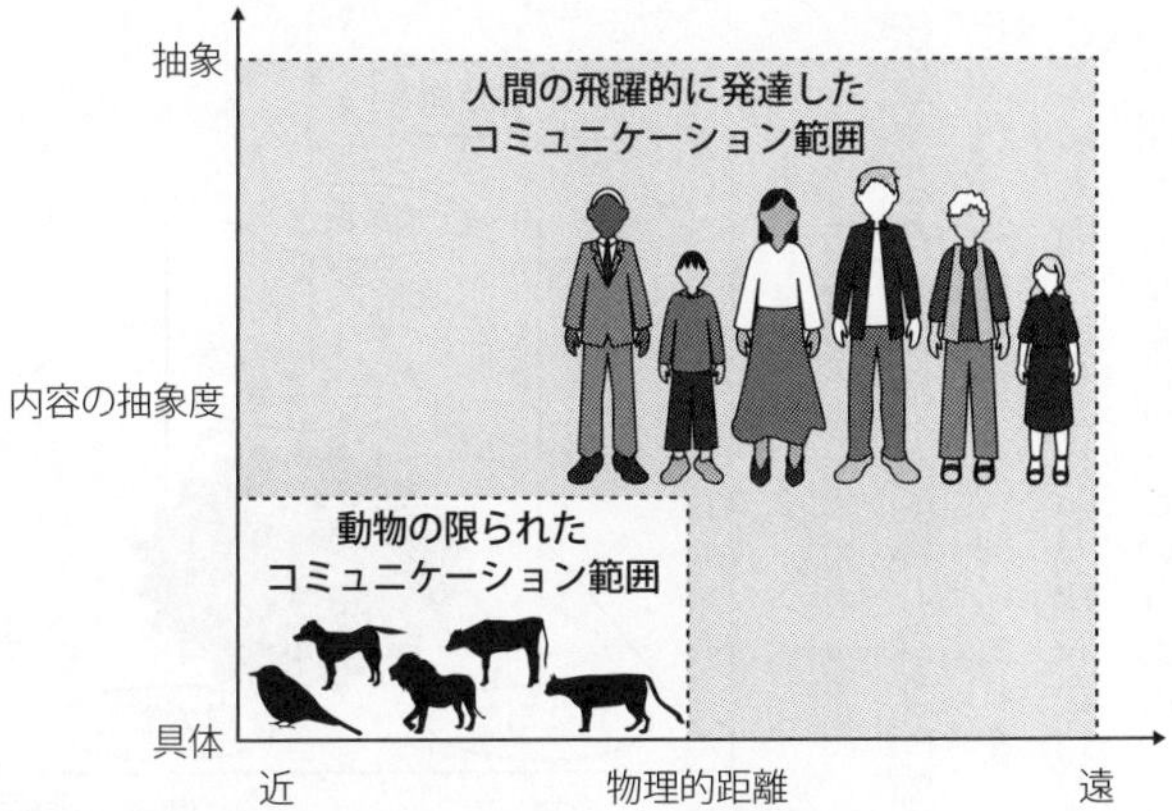

【図21】　動物と人間とのコミュニケーション範囲の違い

これを模式的に表すと、図21のようになります。

まずこの図21の横軸はわかりやすいかと思います。人間は技術（例えば古くは火を使った狼煙、現在はインターネット等）を使って、圧倒的に遠くまで（見えないところまで）メッセージを伝達することができます。

ところが本当に「圧倒的」なのはむしろ縦軸のほうで、それが本書のテーマである抽象度の高いメッセージを伝えたり共有したりすることができるということなのです。

まずは「言葉を駆使できる」ことがわかりやすい抽象化の例であることは、先に示しました。単に口頭で発する音声によって何かを伝達するというレベルと、そこになんらかの

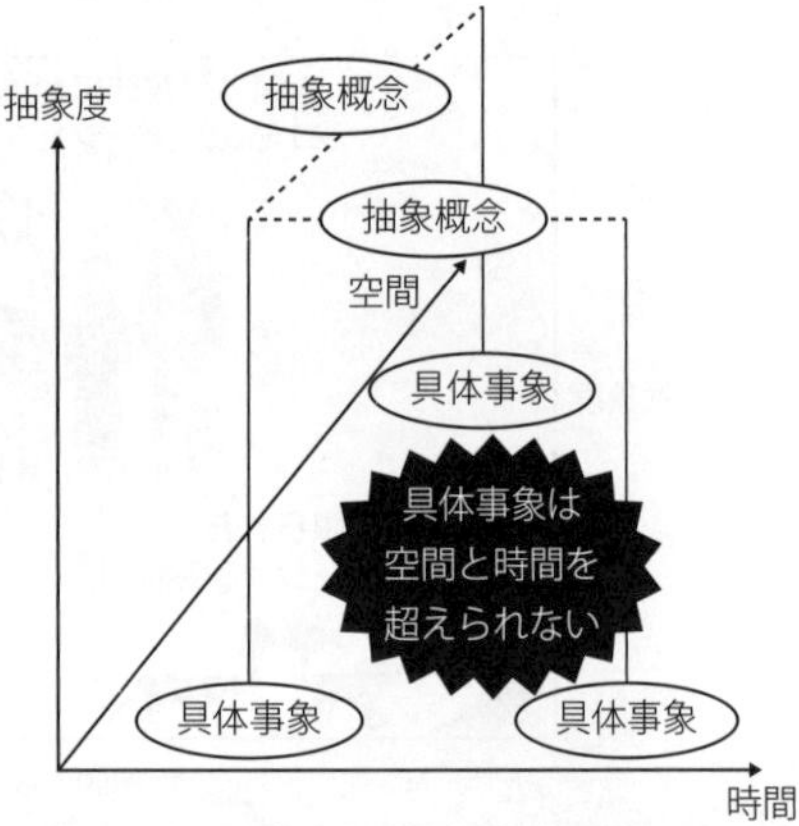

【図22】 人間の抽象化能力発展の仕組み

抽象度を含んだメッセージを伝達するのとでは、伝達できるメッセージの内容に飛躍的な差が生まれます。そしてそこに最大クラスに貢献しているのが、抽象化能力なのです。

さらにコミュニケーションには、もう一つ「時間軸」という軸があり、世代をまたいで様々な知識や知見を引き継いでいくとともに、知識を蓄積して体系化することで世代を追って指数関数的に知見を積み重ねていくところも、圧倒的な人間の強みと言えるでしょう。知識を伝達するためには、記録したり印刷したりといった技術が必要なのは言うまでもありませんが、そもそもその前にそれを言葉として記述することが根本的に必要となります。ここに人間の抽象化能力がいかんなく発揮できるわけです。

人間が言葉を持つというのは、具体的な経験を空間や時間を超えて（具体的なレベルを超えて）共有できるようになったことを意味しています。抽象度を上げることで、共有の範囲が空間、時間ともにほぼ無限になることを意味し、これが動物たちとの決定的な違いを生み出すことになるのです（図22参照）。

裏を返せば、動物は「イマ・ココ・コレ」の世界、つまり時間的現在（イマ）、空間的現地（ココ）、具体的な世界（コレ）でしか生きられないのに対して、人間は地理的に遠く、時間的には過去や未来、そして抽象の世界へと「見えない世界」を拡張することで、動物とは比べられない知的な成果物を作り上げているのです（図23参照）。

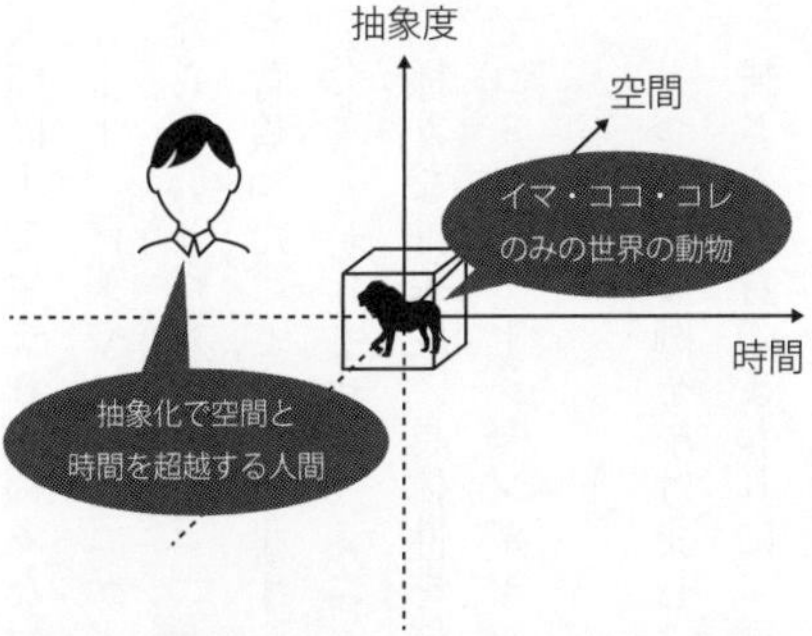

【図23】　動物の世界と人間の世界の広さの比較

抽象化が生み出したコミュニケーションギャップ

このように、抽象化によって生み出された言葉や抽象概念は、人間の知能やコミュニケーションを飛躍的に発展させたわけですが、一方、同じ抽象化によって人間同士で生まれる様々なコミュニケーションギャップを宿命的に生み出したことになります。言葉やコミュニケーションはまさに諸刃の剣であり、人間は動物とは比べ物にならないレベルのコミュニケーションギャップと付き合わなければならないという運命を背負ったことになります（動物の世界には「謂れのない誹謗中傷」もなければそれによる「炎上」もありません）。なぜこのようなことが起きるかと言えば、抽象化によって世界が様々な抽象度／具体性を持った多層構造になったため、見ている抽象度の違いによってコミュニケーションギャップが生まれるという皮肉な結果になったのです。

一つ卑近な例を挙げましょう。

皆さんの身のまわりに「言うことがコロコロ変わる人」はいないでしょうか？　よく聞く話は、「上司の言うことがコロコロ変わる」「政治家の言うことがコロコロ変わる」といったものでしょう。また近年では、ネット上のインフルエンサーの勧める商品やサービスがコロコロ変わるといったようなことでしょうか。

このような発言をする人は、暗に「上司や政治家、インフルエンサーが言っていることに一貫性がなくて怪しからん」という文脈でこのように言っていることが多いのではないでしょうか？

もちろん実際にそういうことも多いかもしれません。ただし、このような場合に見逃されているのが、本書でいう「具体と抽象」という視点なのです。私たちが普段感じていることや表現すること、あるいは他人に依頼や指示として発言することなどにも全て「具体なのか抽象なのか？」という階層があります。ところが多くの人は「どの話も全て一緒くたに扱ってしまう」ことが多いのです。

先の「言うことがコロコロ変わる」を例にとって説明しましょう。

「言うことがコロコロ変わる」というのは、大抵は具体レベルの話であることが多いと考えられます。上司と部下の話で言えば、資料の修正の仕方で、昨日は「重要部分を赤字で」と言っていたのが、今日になったら「やっぱり太字で」とか、先週は「A社を重点的に訪問しろ」と言っていた上司が、今週は「やっぱりB社だ」とか、政治家の政策についても「朝令暮改」のようなことはよくあるのではないでしょうか。

ところがこのような「個別具体の話」には、必ずその「背景や意図」となることがあります。先に解説した手段と目的の関係を思い出してもらえればわかると思いますが、ここでの「個々の発言」とその「背景や意図」との関係は、まさに先の「手段と目的」

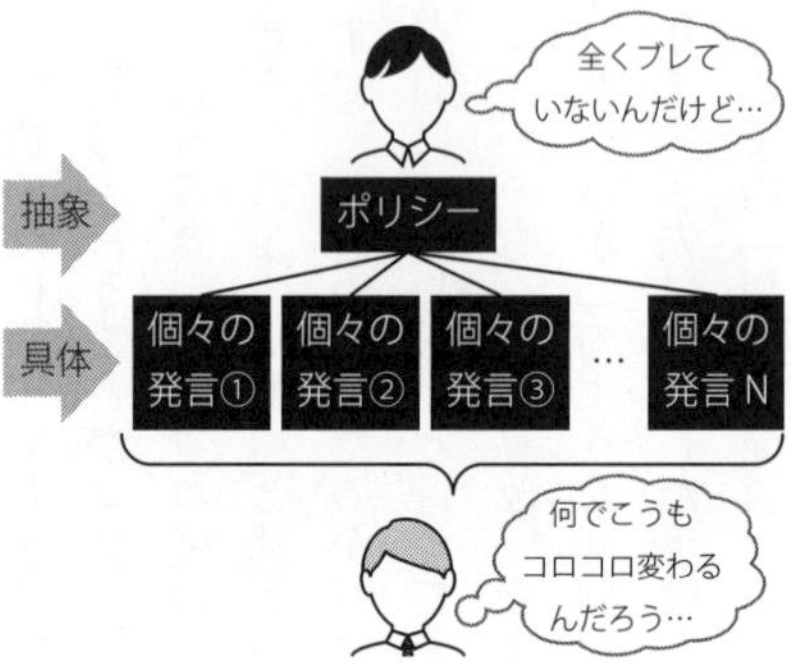

【図24】 上司と部下の関係で起こるコミュニケーションギャップ

の関係とほとんど同じ構図であると言ってもよいでしょう。

例えば「言うことがコロコロ変わるように見える人」の仕事に対するポリシーが、「常にその時点での最新情報に基づいてベストの判断をすること」だとしたらどうでしょう。

まさにこのポリシー（という抽象度の高い方針）に1ミリのブレもないがゆえに、具体的な指示がコロコロ変わってくることになるのです。つまり、具体レベルと抽象レベルというのは矛盾することがあり、それがコミュニケーションギャップの根本的な発生理由になっているというわけです（図24参照）。

人間が頭の中で生み出した（簡単には目に見えない）抽象レイヤーそのものが、私たちの生活に根本的な矛盾を生み出し、それが様々な認識の違い、ひいては個々人の悩みやストレスにつながっているというわけです。人間の生活を飛躍的に向上させ、豊かにしてきた抽象化そのものが、皮肉にも同時に私たちの悩みやストレスの根本的な原因にもなっているというメカニズムが理解してもらえたでしょうか。

ＳＮＳ等で日々起こっている対立の多くも、このような「具体と抽象の認識の違いに当人同士が気づいていないこと」によります。

つまり、本書の言葉で表現すれば、別の階層で会話をしているために全くかみ合っていないことに当人同士が気づいていない（同じフロア同士で話していると思っている）ため、コミュニケーションギャップが生じているのです。それは、特に抽象度の高いレイヤーがごく一部の人にしか見えていないことに起因するのです。

二つ目の線引きは「つなげる」

次に「線を引く」のもう一つの側面について解説しましょう。それは関連付け、つまり「つながりをつける」ことです。ここまで述べてきた「境界線を引く」と「つながりをつける」の違いは図16（１０５頁）を参照ください。事象間に線を引くのは「事象の間に仕切りを入れる」のと「事象同士をつなぐ」の違いということです。

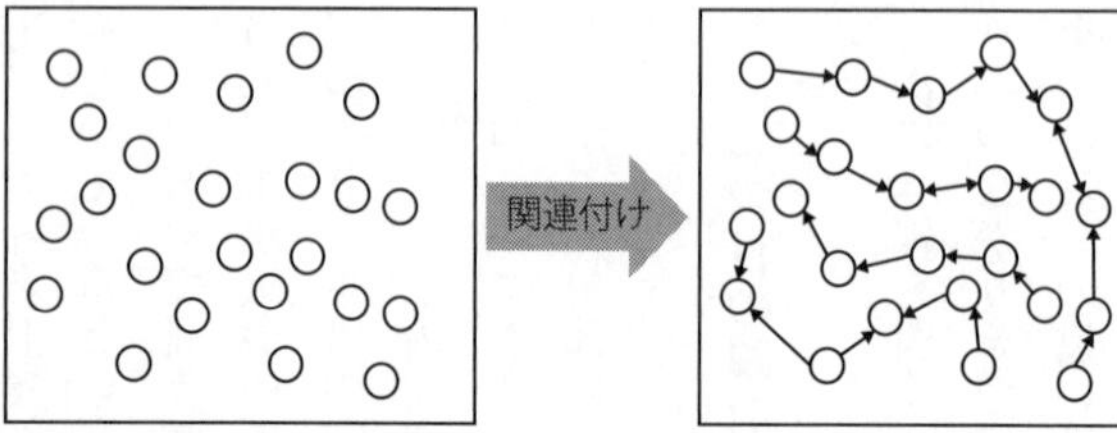

【図25】「関係付け」の線引き

それでは関連付けについて説明しましょう。AとBという、物理的かつ具体レベルでは全く個別に見えるものの間に、なんらかの関係性を見出すというものです。原因と結果の関係としての因果関係というのがその代表です（図25参照）。

因果関係というのは、原因と結果との関係ということになります。このような因果関係がわかると何がよいのでしょうか？それは簡単に言えば、これから起きることの予測ができるようになるということです。

それを時間軸で説明したのが、図26です。

現在起こっていることを過去に起こったことと関連付けることができれば、そのルールを適用することで未来の予測ができます。過去を知っていることそのものは、（二度と全く同じことが起こらない限りは）その後の生活に役立つことはめったにないでしょうが、過去と現在の関係を法則としてもっておけば、未来の予測をすることができます。

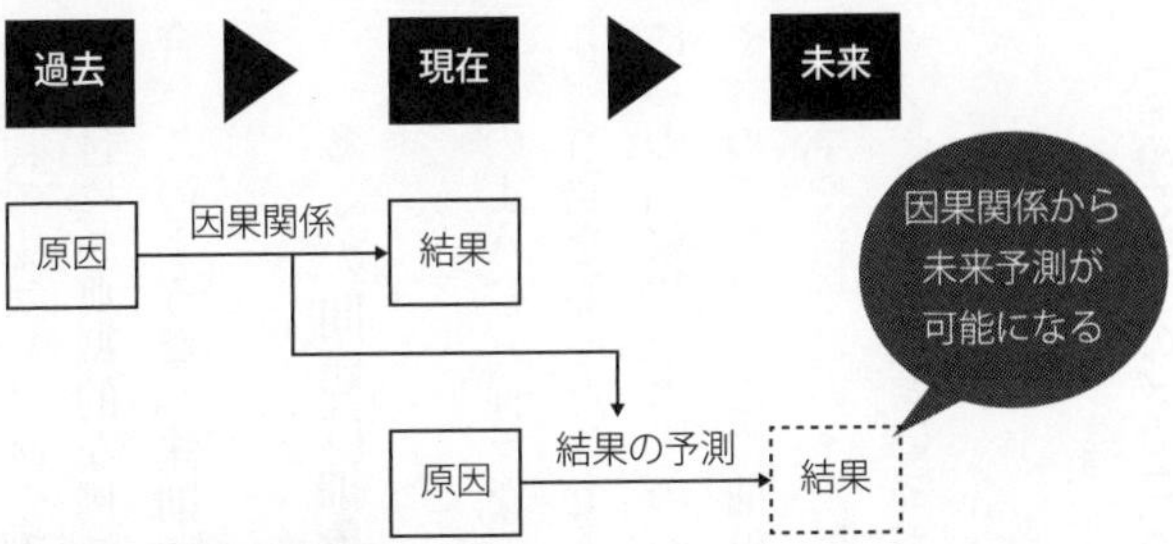

【図26】　因果関係を時間軸で見る

例えば衛星や天気予報もなく、農作物の収穫に生活がかかっていた時代において、将来の天気を（テクノロジーなしに）予測することは非常に重要であったと言えるでしょう。そのために毎年何月は雨が多いとか少ないとか、春に大雨が降ると秋の天気はどうなるとか、あるいは動物の動きから天気を予測するようなことも行われていたかもしれません。

このように、経験を一般化し、それを因果関係という形でデータベースにしておくことが、私たち人間のサバイバルに役立ってきました。

因果関係の他にも、相関関係、補完関係、循環関係といった、二者以上のものになんらかの関係性を見出すという関連付けが、二つ目の「線を引く」ことの意味合いです。

目に見えない関係付けは、私たちの知識にも計りしれない貢献をしています。科学の歴史で続々と発見されてきた法則というのも、このような関係付けの典型的な例です。これまでに人類が積み上げてきた様々な知識は、多くの場合、このような「法則」の形をとることで人類の発展に大きな貢献をしてきたのです。

多くの問題は抽象化で起きる

このように、様々な形で生活に「線を引く」ことにより、集団での社会生活を営んだり、言語を操ったりできるようになったことで飛躍的な進歩を遂げた人類ですが、同時にこの抽象化そのものが人類にとってのやっかいものにもなっていきます。多くの問題やもめごとは、この抽象化によってもたらされているのです。

戦争や紛争といった民族レベルのもめごとから、SNSでのコミュニケーションギャップや炎上問題といった個人間の問題の多くも、この抽象化によって起こっています。そのメカニズムのいくつかを紹介しましょう。

「もめごと」のメカニズム

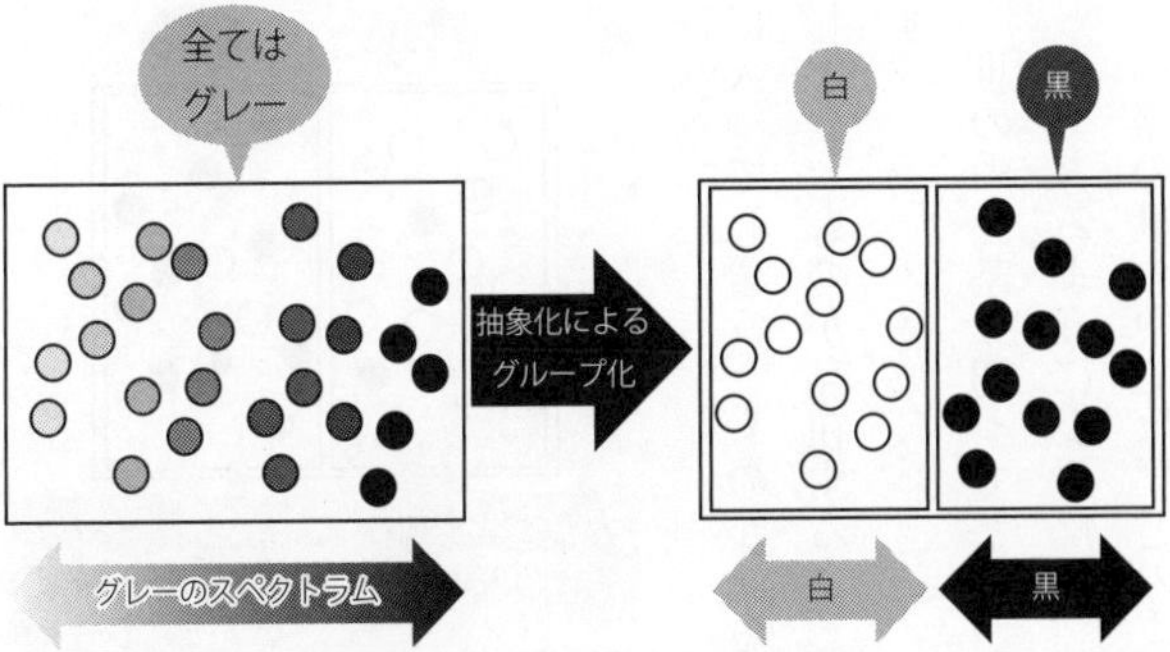

【図27】　抽象化による区別のメカニズム

先述のように、抽象化の作用の一つに「一緒になる仲間を作る」がありますが、仲間を作るというのは、裏を返せば敵を作ることも意味します。

本来は白か黒かではっきりと分かれないものを、抽象化では明確に線引きすることになりますから、これが必ず新たな問題を発生させるというわけです。

それでは世の多くのもめごとのメカニズムを図解してみましょう。図27を見てください。

図27の左右が、抽象化の前後の違いです。前節で解説したように、抽象化とはあるところで線を引いて、同じような特徴を持つものを「まとめて一つ」に扱うことです。そのためには、あるところで線を引いたらその境界を基に「世界を2つに分ける」ことになります。

この例では、世の中を白黒の世界に見立て、

「白」と「黒」に抽象化することを想定しています。ところが実際の世界というのは簡単にどこかで線引きできるわけではなく、白と黒の間の様々な段階のグレーが存在し、さらに入り組んだ形で白や黒が交ざっています。

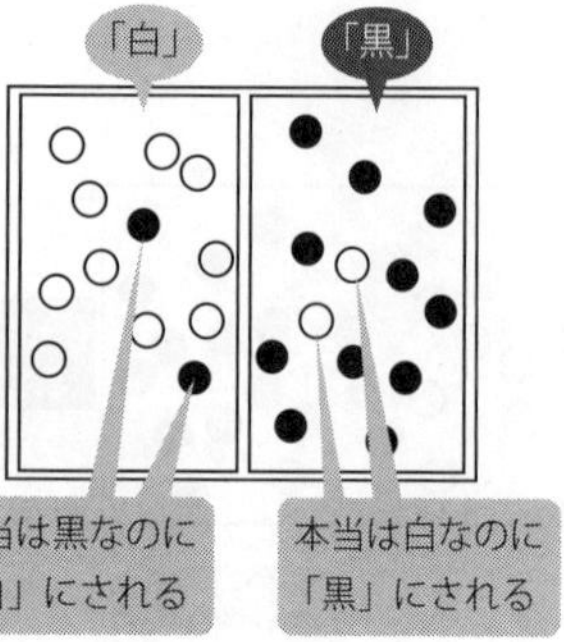

【図28】 抽象化による歪み

それをあるところで割り切ってスパッと切ってしまうわけですから、境界近辺では2通りに歪みが起きることになります。歪みの詳細を図28で示します。

まずは境界の左側では、「本当は黒なのに白の仲間に入ってしまう」ものがある一方、境界の右側では「本当は白なのに黒の仲間に入ってしまう」ものが存在することになります。これが抽象化によって世界に生まれる歪みです。

世の中を割り切ってどこかで二分することで、多くの事象をシンプルに当てはめることができるようになる反面、単純化による歪みが生じてしまうのです。

実際の世の中では、どのようにこの構図が具体的に発生するのか、いくつかの適用例で見ていくことにしましょう。

集団とルールがもめごとを作る

まずは集団同士の争いです。ここで「分類して一つにする」のは、数多くの成員からなる人間の集団です。このような集団の形成は、人間社会を飛躍的に発展させるとともに、多くのもめごとも生んできました。

国家という形でグルーピングをすることで、同じような属性を持った人たちを国境によって区切り、個人や小集団ではできないことが可能になりました。

エネルギー開発をしたり、大規模なインフラ工事をしたりというのは、国家レベルの膨大な予算や人を投入しなければできないもので、これは多くの人たちを「同じ集団に属する人たち」であるといわば十把ひとからげにすることで、徴税や人の動員を可能にし、巨大なプロジェクトを実施してきたのです。

その他、医療や教育を充実させたり社会福祉を充実させたりするなど、このような巨大な集団が人類の発展に計りしれない貢献をしたのは、人類の長い歴史の中で数えきれるものでもないでしょう。

ところが同時に、このような大きな集団としての国家そのものが、世界大戦という数千万人規模で人間同士が殺し合いをするという、個人間では考えられないほどの大規模な悲劇も生み出すことになったのです。

そもそも顔も見たこともない人同士を一つの集団（国家等）にまとめあげ、膨大な数の人たちを「仲間」「味方」と考えるというのは、人間の間に線引きをするという抽象化に起因しています。裏を返せば、「味方」という集団を作ることが同時に「敵」も作るという皮肉な結果を生み出しています。これが抽象化が諸刃の剣になる根本的な構造です。

集団を維持するために必要なルールも、線引きの塊と言えます。「○○以上の人は××」だとか、「□□をした人には罰則を科す」などというのも、そのような線引きによる「白か黒か」という区別であり、様々な歪みを生み出している可能性があります。

具体と抽象が生み出す宿命的な矛盾

言葉というコミュニケーションツールによって、私たちは飛躍的に自分たちの考えを

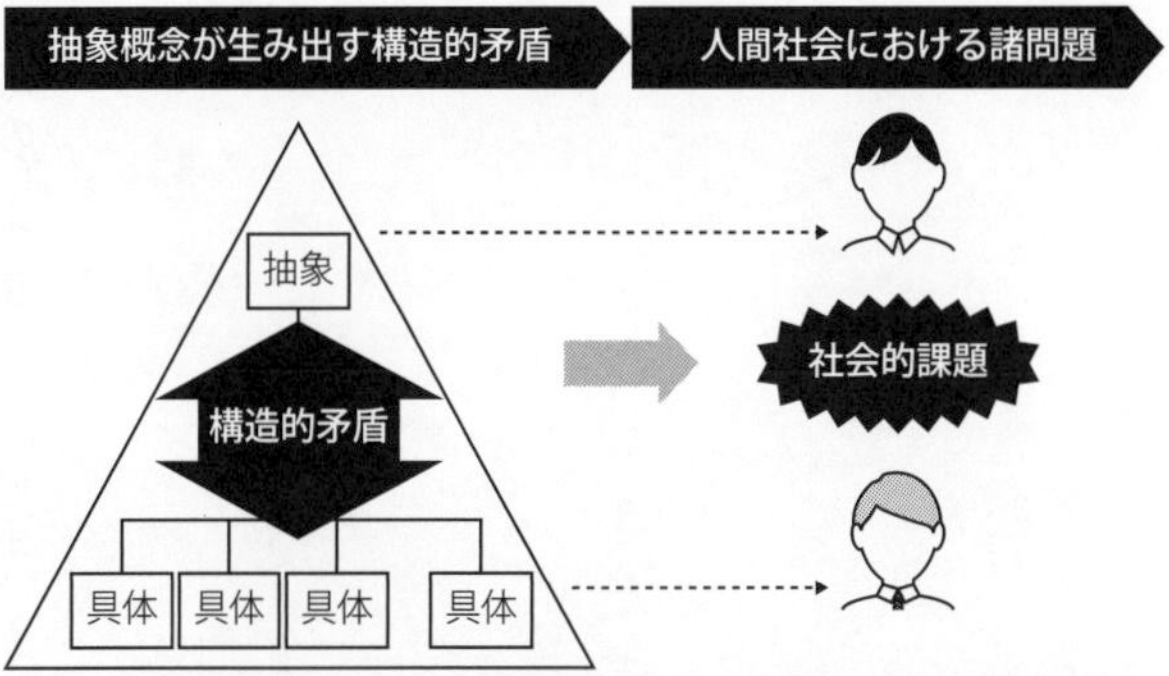

【図29】　抽象概念が生み出した構造的矛盾と人間社会における諸問題

共有することになったわけですが、同時に同じ数だけの誤解も生み出すことになりました。所詮言葉というのは抽象化の産物なので、人によって解釈が異なるという抽象化の根本的な特徴をもひきずることになるのです。

このような言葉における具体と抽象のギャップと、先に説明した集団が生み出す構造的な争いの構図は、そもそも人間が抽象概念を生み出したところから宿命的に背負ったものなのです（図29参照）。

これまで述べてきたような人間の知能の具体と抽象の多層構造の間の矛盾が様々なコミュニケーションの齟齬を生み、人間同士の争いを生じさせ、そして社会の歪みを生じさせてきたというわけです。したがって、このような具体と抽象の多層構造を理解しておくことは、人間社会の根本的な仕組みを理解するのにつながるのです。

第5章　見えない抽象の次元

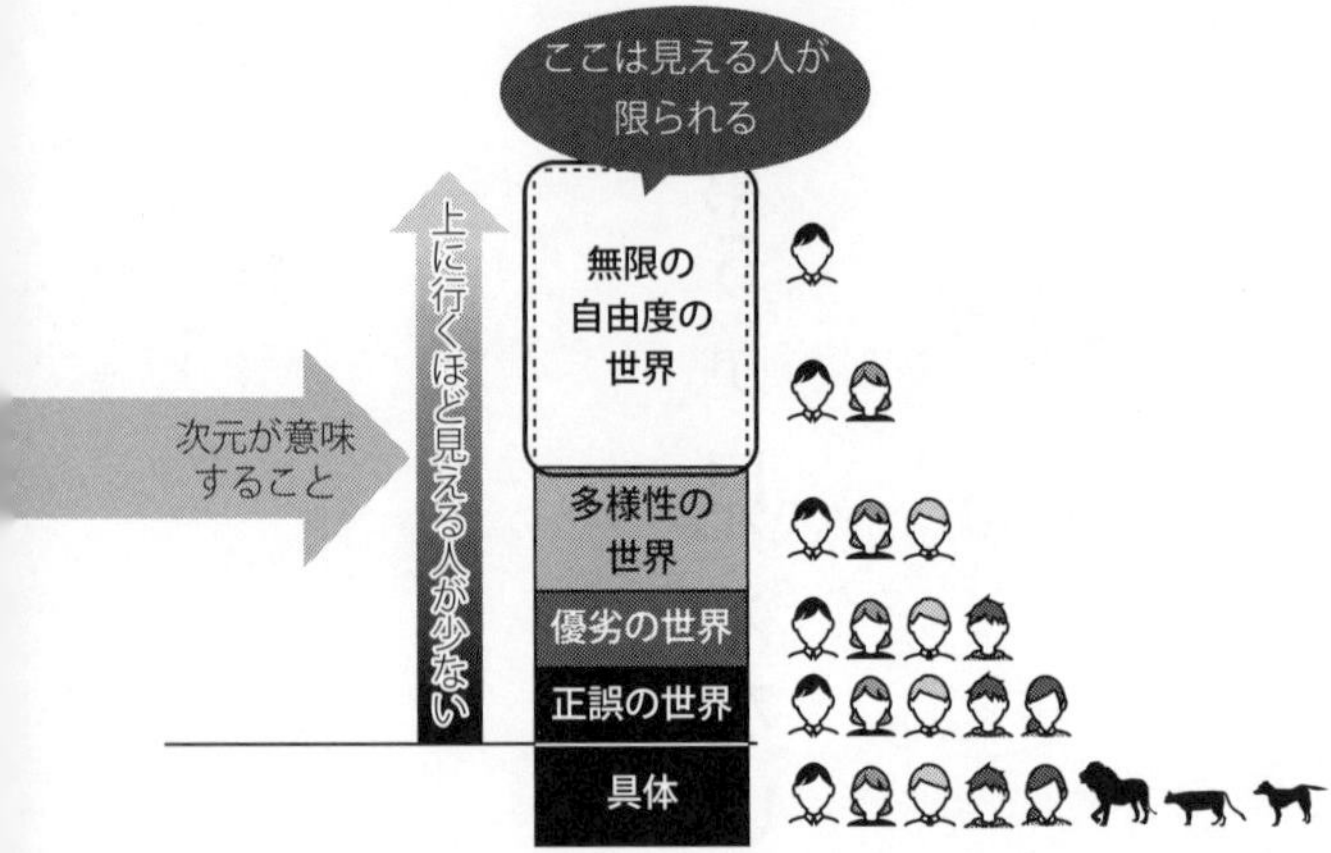

ここまでの章で、「見えないもの」の正体としての抽象や、そのための抽象化とは何かについてお話ししてきました。ここではさらにその抽象としての見えない世界をレベル分けします。そのレベル分けによって、自分や周りの人がどのレベルまで見えているのか、あるいは異なるレベルの抽象＝見えない世界を見るためにはどのようにすればよいのかを探っていくことにしましょう。

抽象を「次元」でレベル分けする

ここでレベルを表現する言葉として「次元」という概念を導入します。次元というのは平面を「2次元」、立体を「3次元」と呼ぶ等の形

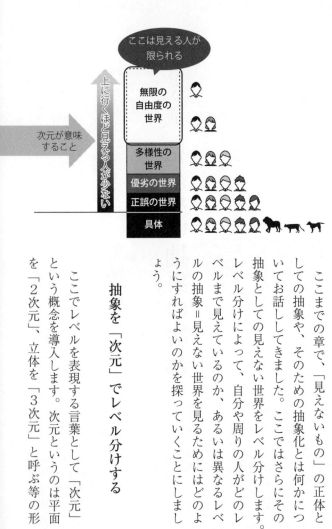

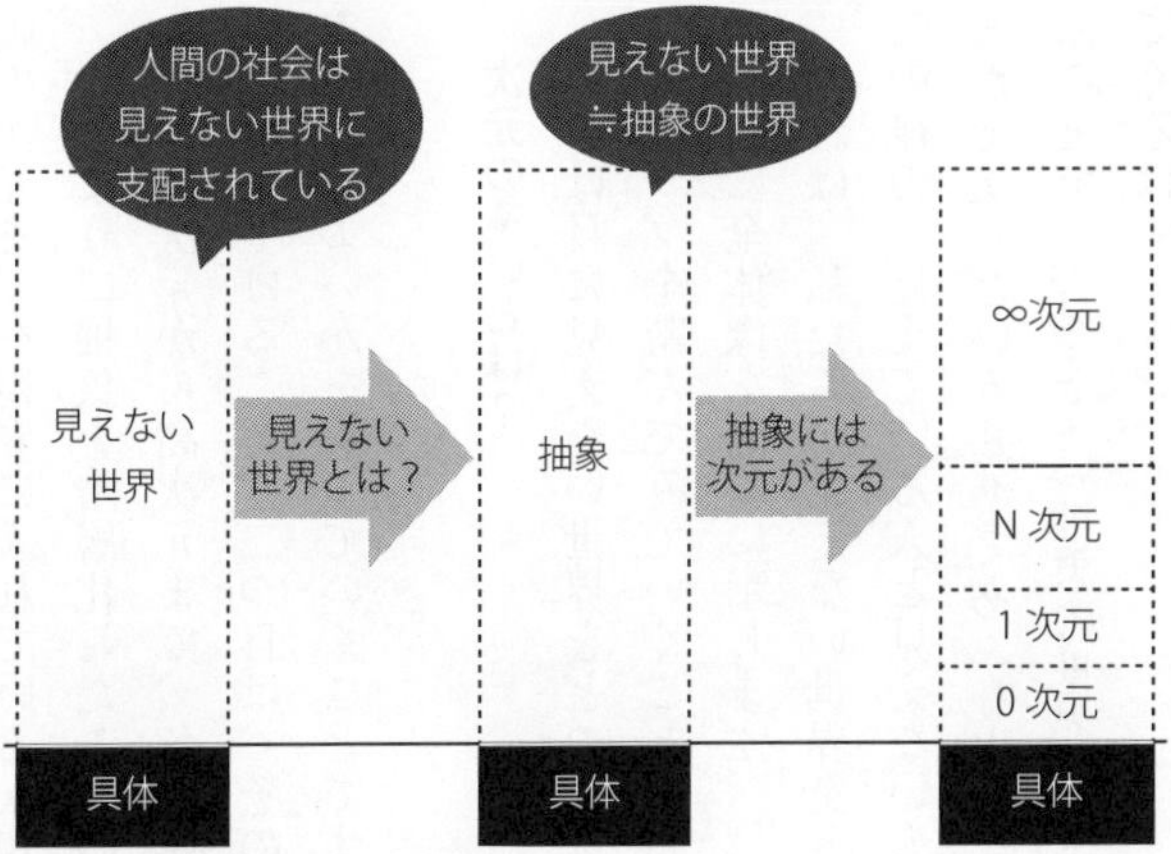

【図30】　抽象概念のレベル分け

で使われることが多いと思いますが、それを抽象概念のレベル分けに使おうという試みです。

抽象のレベル分けをするイメージを図30に示します。

一番左の矢印が、第3章で見えない世界が抽象の世界であると説明したことに相当します。本章では左から2つ目の矢印、つまり2番目のステップによって抽象の次元というものを考えていきます。単に抽象が見えていないといっても、そこには複数の異なる段階があるのです。言い換えれば、このような次元のどこまで見えているかが、人によって違うのです。０次元までしか見えていない人、N次元まで見えている人、あるいはその上の無限の次元までを視界に入れている人がいるということです。

このように抽象を階層化したことの意味合いは2つあります。一つ目は、具体から抽象へ、低次元から高次元まで、各次元とはどういうものかを定義することで抽象の見方の精度を上げること。二つ目は、そのメカニズムを理解し、見えないものを見るにはどうすればよいかを探っていくことです。

次元の違いとは？

まずは目に見えない世界をどのように次元の違いという形で分類できるのか、一つずつステップを踏んでみていくことにします。これが本書における抽象の次元の定義です。はじめに全体像を図31に示します。

これは、私たちが見えない世界をどのように認識するのかを階層化してみたものです。この後の、見えている人と見えない人との世界の違い、あるいは見えないものをどう見るかを次元という基準であぶり出していこうという趣旨です。「抽象の次元」を理解することで、「見えない抽象の世界」をより理解できるようになり、世界が変わって見えてくるはずです。

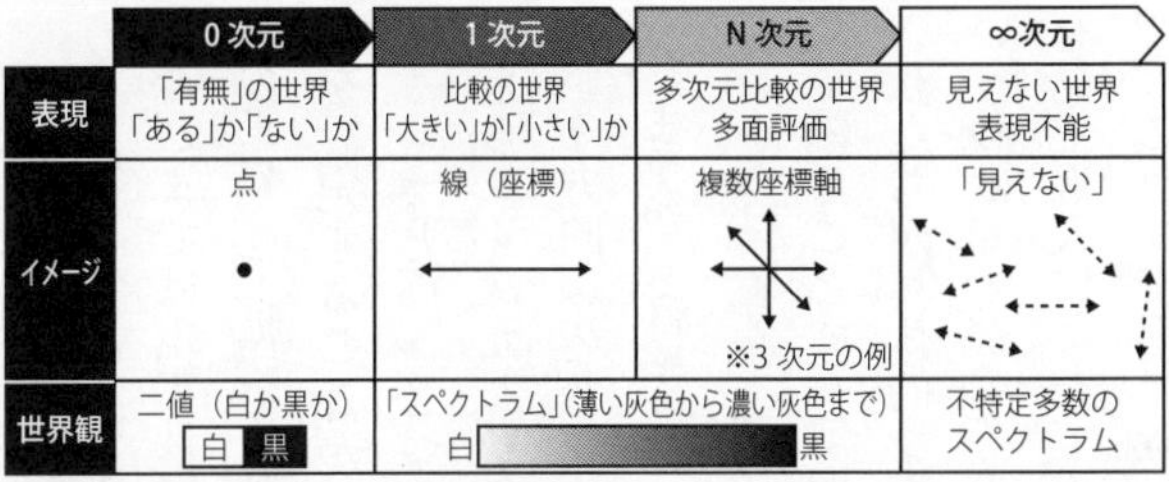

	0次元	1次元	N次元	∞次元
表現	「有無」の世界 「ある」か「ない」か	比較の世界 「大きい」か「小さい」か	多次元比較の世界 多面評価	見えない世界 表現不能
イメージ	点 ●	線（座標） ←→	複数座標軸 ※3次元の例	「見えない」
世界観	二値（白か黒か） 白　黒	「スペクトラム」（薄い灰色から濃い灰色まで） 白　　　黒		不特定多数の スペクトラム

【図31】　抽象に存在する次元の全体像

ここで次元の定義をするにあたっては、学校の数学で学んだ次元の定義を思い出しましょう。正面切って数学の話をするわけではありませんが、次元が上がっていくイメージ、そこに変数が増えていくイメージを共有するのに、この方法が有効ではないかと思います。

0次元：点
1次元：線
2次元：面
3次元：立体

というもので、平面を2次元と呼び、立体を3次元と呼ぶのは、インターネット上の空間と現実の物理空間の区別をするために、近年よく使われます。ネットのバーチャルの世界は、どんなに立体感があっても基本的にディスプレイという平面で表現されることから、その区別がされています。3次元にあって2次元にないものは「奥行」方面の深さです。

2次元は「幅」と「高さ」の2軸（次元）で表現され、3次元はそれに「奥行」というもう一つの軸（次元）が加わるということです。

ここまでは現実世界と対応させて考えることができますが、これをさらに概念上（抽象の世界）で拡張すれば、「いくつの変数」を持っているかによって、N次元という概念を設定することができます。例えば1次元の世界はxという一つの変数、2次元は（x・y）という2つの変数、3次元は（x・y・z）という3つの変数となります。

さらに4次元というのは、SFなどでよく用いられますが、3次元にさらに「時間」という方向（次元）が加わったものです（これは実際の世界に結びつけるといえばつけられますが、直感的に理解することが難しいという点では、3次元までが日常感じられる次元と言ってよいでしょう）。このような次元の考え方を、目に見えない抽象の世界に当てはめてみることで、解明していこうと思います。

私たちが具体的な事象（自然や人）を認識する上で、その認識している世界が抽象というわけですが、その世界の構築のされ方が、実は人によって異なることが「同じものを見ても人によって違うものが見えている」ことの原因です。この世界を読み解くことで、これまでとは違った世の中を認識することが可能になり、それによってコミュニケーションや発想を新しい視点で見ることができるようになるでしょう。

それでは、まずは０次元からその定義と解説をはじめます。

まずは「ある」か「ない」か（０次元）

０次元とは、「点」の世界、つまり「ある」か「ない」かのような二値的な世界です。少し「点」のイメージとは違うかもしれませんが、この後出てくる「程度の概念」がないという観点で１より下の０という表現にしています。例えば、

「正しい」か「誤り」か
「白」か「黒」か
「善」か「悪」か
「勝ち」か「負け」か
「敵」か「味方」か
といった、相反する２つの選択肢を二者択一で判断する世界観で、そこには大きさや

程度といった考え方はありません。

抽象化とはなんらかの特徴を抜き出すことでしたが、ここでいう二値的とはその特徴があるかないかという線引きをすること、そのどちら側にあるかをYESかNOで判断するといったイメージです。

特徴的なのは、それら二値的な選択肢の間にいわゆる「グレーゾーン」がないということです。

人を判断する場合も、あの人は優しいのか優しくないのか、何かに賛成なのか反対なのか、保守的なのか革新的なのかといった、よくある「短絡的な思考」がこれに相当します。

このような単純な世界観では、(線引きによって)「世界を2つに分ける」という抽象化の考え方の原始的な姿が反映された形になります。近年起こっている世界の分断の背景にあるのも、「自分は正しいが相手は間違っている」「あの国は敵で別のあの国は味方だ」といった短絡的なものの見方ということもできるでしょう。

このような世界観は、単純であるぶん、誰にでも簡単に理解できるため、例えば多数の票を獲得する必要がある政治家が、自分の政策をアピールする時にも使われやすい世界観であると言えます。「○○に賛成か反対か」「××を推進か中止か」といった二値的な政策は、とにかく「わかりやすい」ということが特徴です。

視聴率という形で国民の多数派の支持を得る必要があるテレビ番組も、「国民一人一人に考えさせる」番組より、「これが正解だ」と明快に答えを与えてくれる番組や「正解か不正解か」がわかりやすい知識型のクイズ番組を作るほうが簡単です。スポーツはなぜ多くの人に人気があるのでしょうか？　これも「勝ちと負け」という0次元のわかりやすい世界だからであるという要素は見逃せません。討論番組でも多くの視聴者が求めているのはスポーツのように「勝負」をはっきりとさせたいという0次元的な価値観です。そのために「論破合戦」は、多くの人にとって恰好の話題となるのです。

後述するように、多くの議論はそう簡単に白か黒かと割り切れるものはなく、ほとんどがグレーであると容易に想像できますが、それでは「わかりにくい」ため、大多数の人の支持を集めることは難しくなるでしょう。

ドラマも「善人と悪人が真っ二つに分かれる」0次元型のキャラ設定をしたほうが、大多数の人にわかりやすいため、そのような設定が多くの人に好まれます（代表例が国民的長寿番組だった「水戸黄門」です）。

もちろん、実際の世の中には「完全な善人」もいなければ「完全な悪人」もいないわけで、「白か黒か」で割り切ってしまうことは「線引きによる歪み」が必ず発生するわけですが、多くの人は0次元的なものの見方をするために、このような構図に気づかないことも多いのです。

このような問題が、次の1次元的な世界観へとつながっていきます。

【図32】 0次元の世界観

0次元で物事を見る世界観のイメージは、図32のようになります。
要は世の中を真っ二つに分け、「白か黒か」と判断するわけですが、これは「線引きをする」という抽象化の基本動作に基づいていて、対象となるものがその線のどちら側にあるかのみが判断基準というわけです。
デジタルの世界というのも、世の中の全てを0か1の2つに分けてしまうという点では、0次元の世界と言えますが、実際にはそれが大量に組み合わされることで、この後説明していくN次元の世界までを表現することが可能になっています。

0次元の世界をさらに2つに分ける

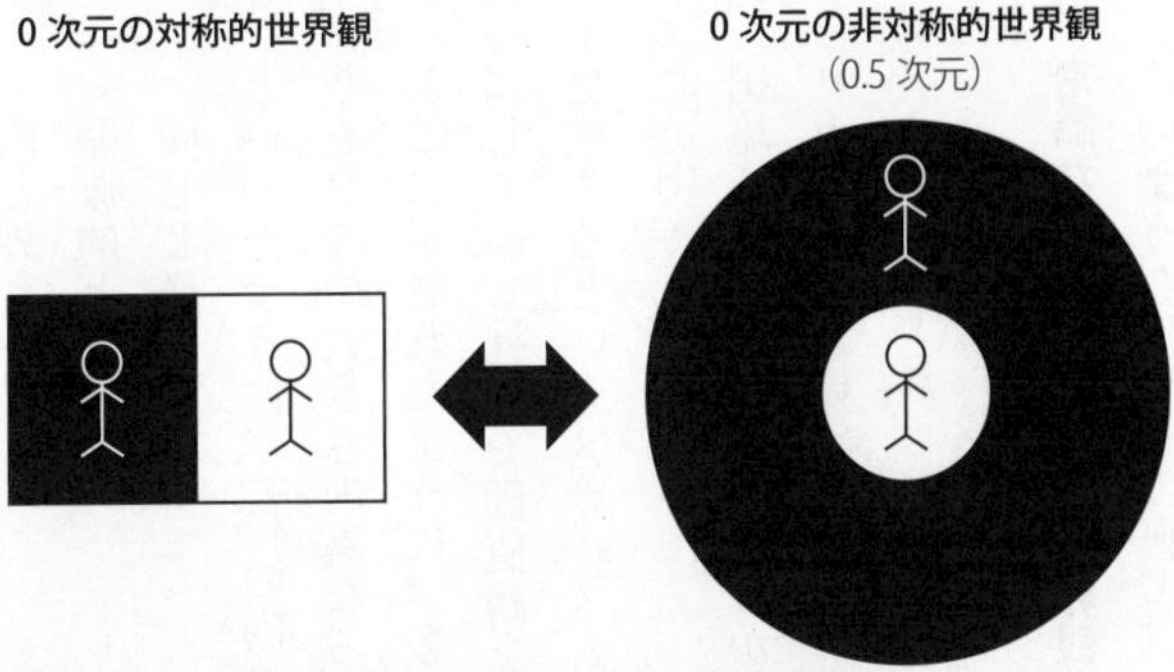

【図33】　0次元での対称的世界観と非対称的世界観の違い

ここまで述べてきた白か黒かという二値的な0次元の世界も、実はさらに2つに分けることができます。それは、それら2つの値に優劣があるかどうかという視点です。例えば普通「白と黒」や「右か左」等といった2つの値には優劣はなく、単に客観的に見た違いでしかありません。しかし、「正と誤」や「善と悪」等という分け方をした場合には、そこに明らかな優劣関係が生まれてきます。これは「非対称な0次元」と言える状況です。

この世界観は、先の純粋な0次元の対称的な（二者が同等である）世界観と比べると、図33のように、片方が中心にあり、もう片方がその外側にあるというような非対称な（二者が同等でない）世界観であると言えます。

非対称な関係にある二値的なものの例とは、

・内と外
・開放的と閉鎖的
・同じと違う
といったように、「枠の内と外」というイメージで表現できるものが多いため、図の体裁を2つの大きさの異なる円で表現しています。

ここに示されたように、多くの場合、優劣関係というのは自分中心の考え方で、自分が属している社会や価値観を中心に物事を二値的に分けて考えることで、「正誤関係」が発生するというメカニズムです。「自分が正しく他者が間違っている」という発想につながりがちです。

国境を代表とするなんらかの集団を内と外に分けるという発想も一緒で、紛争が起きるメカニズムというのも、このような「非対称的世界観」から生まれるものが大きいと考えられます。

常識か非常識かという世界観

このような世界観の典型例として挙げられるのが、物事を「常識か非常識か」でとらえるという世界観です。自分や他人の行動が「常識に合致しているかいないか」、あるいは人を評価する時に「常識人か非常識人か」という2択で判断します。さらに言えば、このような表現をする場合には、常識＝善、非常識＝悪という前提が暗に置かれている場合がほとんどです。集団の秩序を維持するためにはルールが不可欠ですが、ルールの世界というのは大多数の人に理解し、したがってもらう必要があるために必然的に0次元的な世界観（ルールに準拠しているのかいないのか）になりがちです。

ここまで述べてきた「非対称的」あるいは「自分中心の正誤」という極めて狭小な世界観が、大部分の人の思考回路を支配しているのは、ネットやSNSで繰り広げられる様々なもめごとが、「どちらが正しいか」や「あの人は常識がわからない」といったような対立構造で行われていることからも、推測することができるでしょう。

「視野が狭いこと」の最大の問題は、視野が狭いことに自分で気づくのが難しいことにあるので、実際に自らこの構図に気づくことは、極めて少ないと言えます。ところが、この後述べるN次元的、あるいは無限次元的世界観を見てしまった人からすれば、このような非対称的0次元の世界観がいかに狭いものであるかは、いくら強調してもしすぎ

	0次元	1次元
表現	「有無」の世界 「ある」か「ない」か	比較の世界 「大きい」か「小さい」か
イメージ	点	線（座標）
世界観	二値（白か黒か） 白　黒	「スペクトラム」 白　黒
デジタルかアナログか	デジタル的	アナログ的
比較対象	主に二者間	三者以上も可

【図34】　0次元と1次元の比較

ることはありません。

白と黒に連続的な「グレーゾーン」が加わる（1次元）

0次元から1次元への変化というのは、「点から線」への変化になります。

この「0から1へ」という変化を、先の図31（135頁）から取り出してさらに詳細に見ていきましょう。

図34は、0次元から1次元への変化のみを比較したものです。

0次元に比べると1次元では「程度」という考え方が出てきます。「ある」か「ない」かが0次元だとすれば、「少しある」と「たくさんある」の区別がつき、白と黒の間にグレーゾーンが加わり、スペクトラムでできた世界になります。当然それは、「2個ある」や「100個ある」等と定量的に表現できることと表裏一体の関係です。

何らかの指標
対象物を指標の程度でとらえる
・大きい↔小さい
・重い↔軽い
・視力が良い↔視力が悪い

【図35】　1次元の世界観

次に、1次元の世界観を表現したものが、図35です。

観察対象となるのが、人でも物でもそれをなんらかの尺度でとらえることで、それを定量化（数字で表現）することができます。そうなれば、二者のみならず複数の対象を直線上に並べることで比較し、場合によっては優劣関係をはっきりさせることもできるようになるというわけです。

「白か黒か」という二値的な0次元の世界観

【図36】 1次元では三者以上を並べて比較できる

に「程度」を表現するための指標が入ってくるのです。例えば「大きさ」「重さ」「速さ」「滑らかさ」「重要度」「抽象度」といった「〇〇さ」「□□度」といったものを、一定の判断基準で位置づけるという世界観です。

このような見方から必然的に出てくるのは、「相対比較」というものです。「AよりBのほうが大きい」とか「XよりYのほうが重い」というものの見方は、1次元になって初めて出てきます。

さらに、0次元では「二者の比較」しかできなかったものが、1次元では三者以上を並べて比較することも可能になります。そこでは「XとYの差」と「YとZの差」をさらに比較するといった、一定の定量的座標軸が存在するがゆえのものの見方もできることになります（図36参照）。

差が出るリスク管理の考え方

コロナ問題や災害対策におけるリスク管理においても、0次元や1次元の人の世界観が表れます。0次元の発想はシンプルで、「安全か危険か」の二値的発想です。いわゆる「ゼロリスク」を求めるのは、この0次元の世界観からです。しかし、多くの人はそれがあくまでも理想的状態であり、実際にはゼロリスクということはあり得ないことがわかっているはずです。

それでも0次元的な発想では、「安全か危険か」の2択でしか考えられないので、「ゼロリスク以外＝危険」という状況を受け入れることはできないのです。せめて1次元的な世界観がある人であれば、物事全てがグレーで、連続的なスペクトラム（前述）できているという認識になるのですが、「世の大勢を占める0次元的世界観」の人を説得する上では、「安全か危険か」の2択しかないため、「絶対安全である」と断言しない限りは（それ以外は全て危険になってしまうので）、納得してもらうことはできないのです。

そのようなリスク管理の根本的な難しさは、ここにあります。そもそもの世界観が何次元なのか、この議論を抜きにした多数決の場では、必ず0次元の議論が優勢になってしまうのです。

1次元は比較と優劣の世界観

1次元の世界観とは「比較と優劣の世界観」であるとも言えます。

先に述べたように、1次元では、対象となる事象をなんらかの「座標軸」でとらえることで定量化し、その座標軸のどこに対象物があるかを数字で表現し、三者以上のものの間の「順番を決める」ことができます。したがって、その数値的指標を基にすれば、複数の事象を比較し、それらの差異についても、定量的に把握することが可能になります。

ここでいう数値的指標とは、多くは測定や定量化が可能であるものを指します。「〇〇度」といった形で表現されるものが、これに相当します。

近年、SNSで他者に対して自らの優位性をアピールする行為は「マウント」と呼ばれ、嫌がられる行為の一つとされていますが、なくなることはなく、むしろ増加しているようにも見えます。このようなマウントをしたりされたりするという価値観は、まさに1次元の世界観と言えます。年収、学歴、社会的ステータスなどの物差しに当てはめて他人と優劣をつけ、順番を決めようというものの見方です。

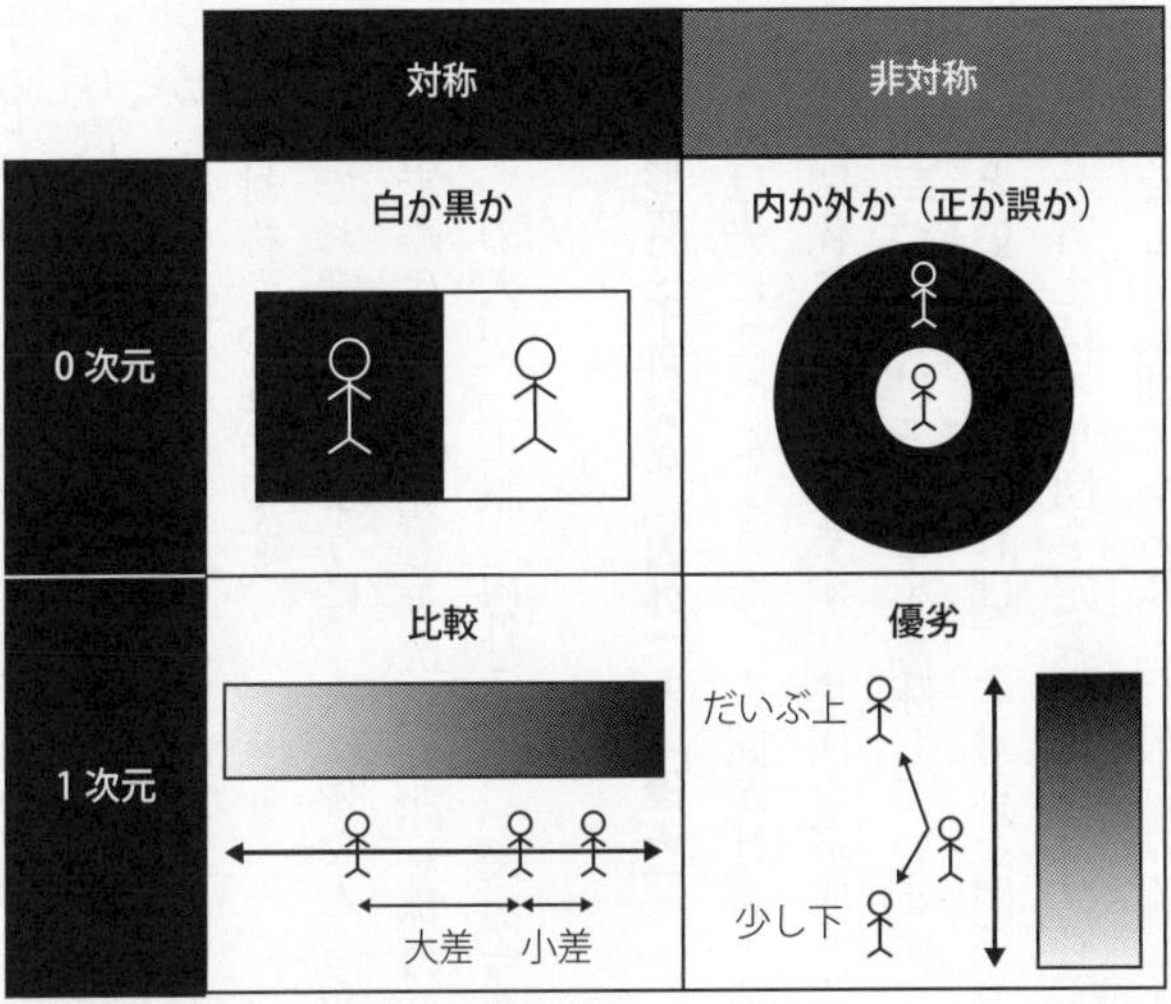

【図37】　0—1次元と対称非対称のマトリックス

後述するように、世の中の大多数の人は、0次元か1次元という「1次元以下」の世界観で生きています。これがSNSにおける様々なもめごとの原因になっているということです。裏を返せば、このような不毛な議論を避けるための重要な方策の一つが、見えない次元の世界を見えるようにすることなのです。

0—1次元の世界観のまとめ

ここまでの0—1次元という次元の話、そして対称と非対称という分類を、まとめて2×2のマトリックスで表現すると図37のようになります。

0次元の対称と非対称については、両者が対等なのか、正誤関係があるかの違いでしたが、1次元については、数値化された程度を表す指標に優劣関係があるかないかが対称か非対称かの違いです。

次章でお話しするように、人は皆なんらかの見えないバイアスにとらわれているがゆえに、実際には0次元も1次元も非対称の（自分中心の）世界観が大きくなります。これが多くの人が「正誤（内外）」と「優劣」を優先してしまう理由です。

集団形成に不可欠な「内外」と「優劣」

これは先に述べたような、人間が社会生活を行う上で必要な集団や組織の形成と表裏一体の関係になっています。集団を形成するということは、世の中の人を集団の中と外で真っ二つに分けることを意味しています。そしてこれらは、自分がその中にいるのかどうかという観点で見れば、非対称な関係です。さらに、集団には序列がつきものです。なぜかと言えば、集団を定義するには、必ずそこに「所属しているかいないか」という区別、そして集団である以上は最低リーダーが必要であり、特に成員数が多数となった場合には、組織の統治に序列（企業であれば役員、管理職、担当者等、軍隊であればランク）が必要になります。つまり人に内外、優劣、上下などの関係をつけることが不可欠になってくるのです。

近年では、インターネットやブロックチェーン技術等を利用したフラットな組織・集団やコミュニティといったものが、実験的なものも含めて構成されることもあります。しかし実際には、そのような理想を目指しているＤＡＯ（Decentralized Autonomous Organization：分散型自律組織）のような集団でさえ、「求心力」となるようなリーダー的な人がいるのが現実です。上司もリーダーもいない集団というのは、理想的な形で語られることはしばしばありますが、現実問題としてはほとんど存在しないと言ってよいでしょう。

つまり、「内外と優劣」という非対称的な0―1次元的世界観というのは、私たちが人間として社会生活を営む上で、最低限必要な世界観であると言えます。

複数の視点で多面的に見る（N次元）

さらに1次元という単数の次元が、複数になるという形でのN次元が、次のステップです。1次元に一つずつある視点を複数組み合わせることで、新しい価値観ができあがります。

近年、ビジネスや教育現場等、あらゆる場面で重視されるようになってきた「多様性」という価値観が、ここに相当します。固定化された特定の「物差し」だけでなく、特徴や個性に合わせ、様々な視点や価値観を自在に組み合わせることで、表現できる対象の複雑性も飛躍的に向上するとともに、時代の変化に対応したイノベーションを生み出す際にも必須となるものの見方です。

ただし、デメリットを挙げれば、このように発想できる人は、0次元や1次元に比べれば圧倒的に少ないので、なかなか理解されず、多くの人に受け入れられるようになるのは相当の時間や労力を必要とすることになります。

いずれにしても、ここまでの０、１、N次元の世界というのは、事象を観察して表現する際の指標＝物差しが明確に決まっていることになります。最もわかりやすいのが、企業における人事評価の世界です。例えば、売上や組織への貢献度といった複数の指標で従業員を評価するというのがその方法です。

常に柔軟に対象を観察する無限次元

ここで一つ、大きな視点の転換が起こります。これまでの世界観とは異なる世界観が、無限次元の世界観です。固定的な物差しで物事をとらえるのではなく、ありとあらゆる次元を自由に発想できるという可変的な状態です。

さらに視点が増えていくと、N次元から無限次元へと変わっていきます。N次元の世界では、視点は多数ありながらもそれらを固定させて物事を見るのに対し、無限次元では常に可変的にとらえ、「見えていない世界（＝視点）」が常にあるのではないかという姿勢を崩さないところに次元の違いがあります。次元を固定的にとらえないということは、具体的な事象をありのままにとらえることで、ありとあらゆる抽象化の方向性を想定しておき、状況や目的に応じて自由自在に抽象化を行うことができるという世界観を意味します。

N次元と無限次元の違いのビジネスにおける例を挙げると、新しい製品やサービスの開発で「既存の変数の最適化」を狙うのがN次元で、「新たな変数の創出」を狙うのが無限次元の発想です。ここで言う既存の変数とは、製品の様々な性能を表すもので、サイズ、重量、スピード、容量、不良率といったようなもので全て定量化されて比較できるため、比較表を作ることで競合製品や既存製品との差別化を可視化しやすい点が特徴です。

これに対して新たな変数を創出するとは、そのような比較表の世界から離れて、比較の対象にならないような別の要素＝変数を特徴とした製品やサービスを考えようという発想です。

あくなき好奇心と、「自分が見えていない世界があるのではないか」と疑う心と謙虚さが、このレベルの実践には不可欠となります。

必然的にこのレベルで物事を見られる人は、ごく少数派ということができるでしょう。

さらに言えば、これを完璧に実践するというのは、もはや「聖人君子」のレベルになるので、あくまでも理想状態と言えるかもしれません。

実はこの状態というのは、ある意味で「一周回って」動物が見ている具体の世界に近いと言うこともできます。一切の判断や線引きをせずに判断を安直に下さないということですが、これを敢えて抽象の次元のトップレベルに持ってきているのは、その状態からありとあらゆる形に抽象化が可能であるという心のもちようを示しているからです。あくまでもそのような具体的状態をどのように抽象化して考えるかは、固定的ではなくフレキシブルで変動的であるということです。

「無知の知」が「言うは易く行うは難し」であるのと同様に、無限次元の境地というのは、見えない世界を見るために究極的に目指す姿と言ってもよいでしょう。

N次元という「固定次元」の世界と、無限次元という「流動次元」の世界観の違いは、第７章で詳細に解説します。

次元の違いによる世界観のまとめ

ここまで０次元、１次元、N次元、さらにその先の無限次元というレベルを見てきま

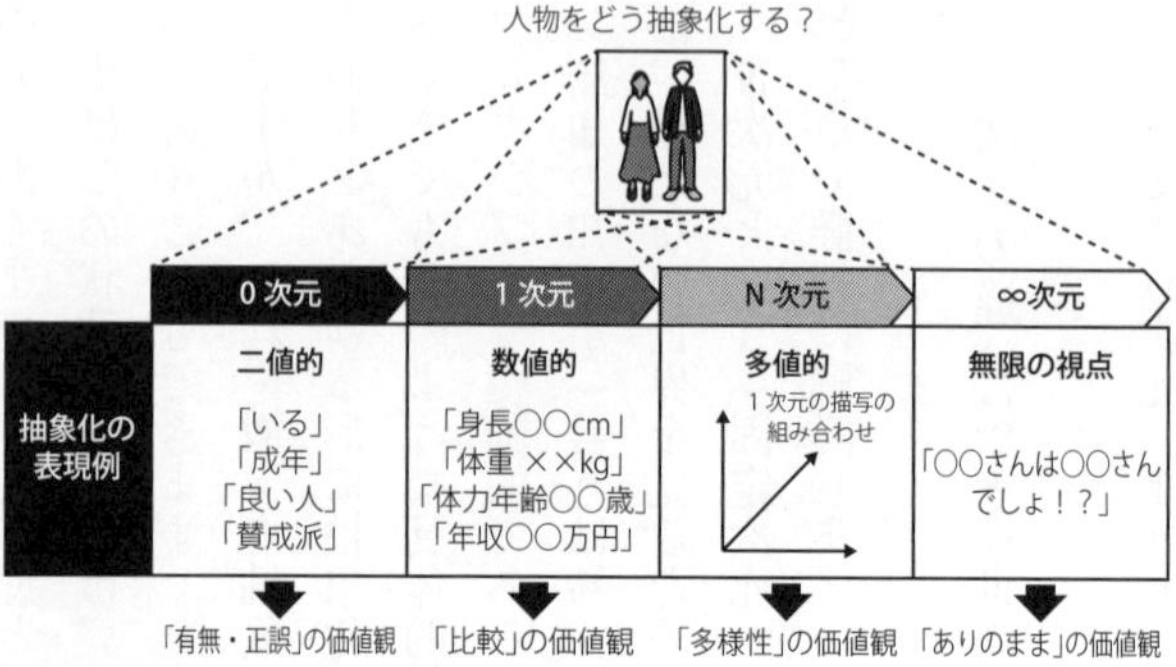

【図38】　人物の抽象化を次元レベルで比較した場合

した。これらのまとめとして、先の解説でも登場した「人物をどのように表現するか」の抽象化の方法で、比較してみましょう（図38参照）。

　まず0次元的世界観では、人を表現するにも「いる／いない」「良い人／悪い人」といった形で白か黒かと二値的にします。世にいう「レッテルを貼る」という表現の仕方もこのレベルのものの見方です。そこに「程度」はなく、あるレッテルを貼られた人は個性も全くなく「〇〇反対派」「保守派」という一通りの解釈を、そう判断した全ての人に遍く当てはめてしまうのです。

　そして大抵の場合、そこには「正しいか間違いか」という非対称な基準が存在します。

　1次元的世界観では、対象となる人をなんらかの指標で判断し、時には人間同士を比較することに焦

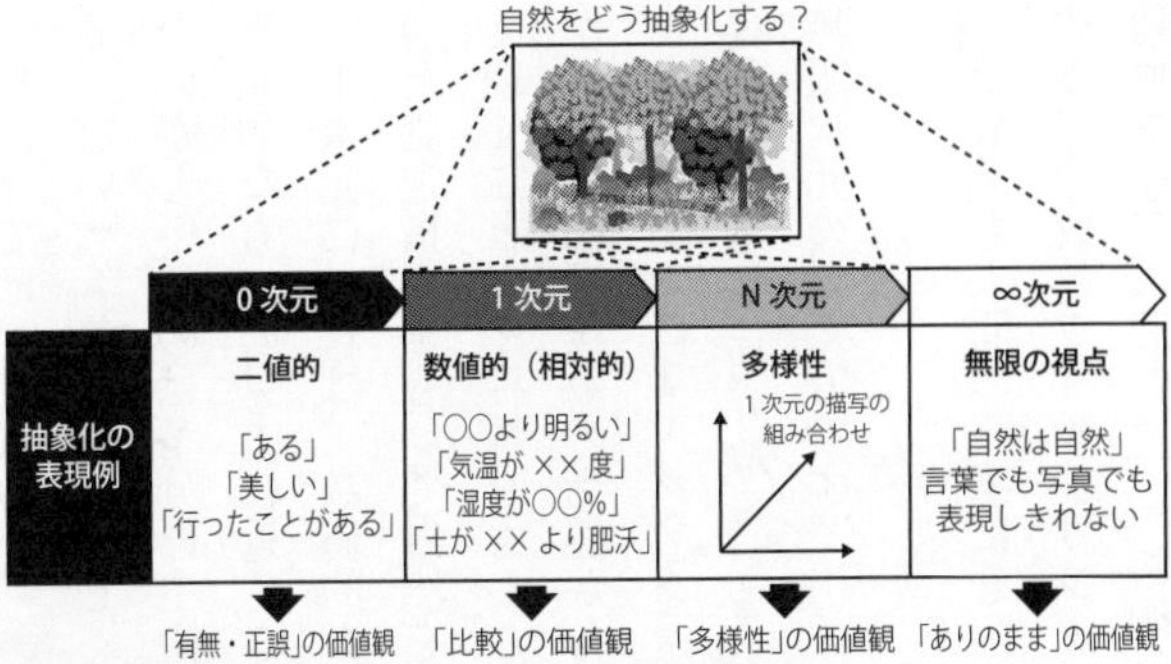

【図39】　自然の抽象化を次元レベルで比較した場合

点を当て、評価して優劣を判断するということになります。

N次元的世界観では、「比較」からさらに別の見方が追加され、身体的な特徴や好み、性格、特性等といった複数の指標により、ある個人の特性を多角的に見る視点が備わり、「多様性」の価値観をもって物事を見ることができるようになります。さらに無限次元的世界観では、その人物の様々な面をとらえることで、「ありのまま」の価値観をもって接することになるでしょう。

同様に、今度は自然を見た時に各次元の世界観でどのように見えるかの比較を図39に示します。対象は人であろうが自然界の森羅万象であろうが、基本的なものの見方は同じです。

0次元では、対象物が「ある」か「ない」か、写真を見たらそこに行ったことが「ある／ない」、「美しい／美しくない」といった二値的な反応になります。美しいか美しくないかというのは多分に主観が入ってきますので、これは先の分類でいけば非対称な0次元的なものの見方に近くなるでしょう。

1次元になれば、数値的な評価指標が入ってきますので、温度、湿度、明るさ等といった測定指標をもって自然を観察することとなります。さらにそれらを組み合わせて見ていくことが多様性をもったN次元のものの見方ということになります。当然のことながら自然には無数の指標が含まれているはずですから、それらを「切り取って」語るのではなく（ここまで述べてきた通り、言語化という名の抽象化というのは自然を「自分の都合の良いように切り取る」ことなので）、それをありのままにとらえていこうというのが無限次元の考え方です。

そもそも人間の五感にも限界があるので、五感を使っている時点で自然の次元のうちの多くを既にフィルタリングしていることになります。それはありのままに撮影された動画や写真、「生録音」されたデータ等全て同じことです。人でも自然でも、私たちの観察対象はそれを五感で感じたり言葉で表現した瞬間に、大きく具体的なオリジナルの対象物が持っている無限の次元を限定的に有限化していることは、肝に銘じておく必要があるでしょう。つまり私たちが認識している世界は全て「切り取り」でしかないのです。

学習も次元を徐々に上げていく

私たちが何かを学習する過程を考えてみましょう。実はこれも本章で議論している次元の話を考えると学校教育の仕組み等が違った視点で見えてきます。

圧倒的にわかりやすく、理解できる数が多いのも0次元や1次元であることはここまでお話しした通りです。したがって、私たちは何か新しいことを学びはじめる際には0次元的なことや1次元的なことから学んでいきます。

例えば英語等の言語の学習がその典型です。言語学習における最も原始的な勉強の内容というのは文字や単語を覚えることでしょう。つまり知っているか知らないか、覚えているかいないかという原始的な0次元的な学びからはじめて、それを単語テストのような「正誤問題」で確認し、次にそれを集合させた100点満点のテストの点数という1次元的な指標として測定していくという具合です。

またもう少し長期的な目標としては、検定／資格試験を選択する人も多くいるでしょう。何か新しいことを学びはじめる時、その世界の試験を一つの目標にするとそれがペースメーカーとなって学習がスムーズにいったという経験を持っている人も多いのではないかと思います。というのは基本的に検定／資格試験は「正解がある」問題で「合否を問う」という、いずれも0次元的な世界だからです。

もちろん試験一般に言えることとして、点数化されて学習の進捗が数値化されたり順位付けされたりという点では1次元の視点も入ってきます。このように、初心者の学びというのはわかりやすいという点で、0次元や1次元の世界、つまり正解、合否、点数の優劣という指標を導入することが有効であると言えます。

ところがこれには弊害もあります。日本人のほとんどが中学校や高校で経験する受験勉強というのは、良くも悪くもこのような0次元と1次元の世界を究極的に極める世界となっています。この世界に数年間どっぷりとつかってしまうと、世界観がすっかり0次元と1次元で染まってしまう可能性があります。

つまり問題には正解があり、複数の人間同士を限られた指標だけで優劣判断できるという思考回路が染みついてしまうということです。これは先述のＳＮＳにおける諍いの原因ともなります。これは多様性というＮ次元の理解への障害ともなります。多様性や問題発見の能力が有効な時代には１次元までの世界が本来見るべき世界の「ほんの一部」であることに気づくことが、視野を広げる＝次元を上げていくことにつながっていくのです。

世界観の分布のギャップ

ここまで述べてきた世界観を集約して、まとめておきましょう。

ここでは１次元はＮ次元のＮ＝１であるとしてＮ次元に含めることで全体を３つのカテゴリーにしています。

３つの世界観を比較して表現したのが、図40です。

一言で表現すれば、本書で言う抽象の次元とは思考の自由度の大きさを示していると言ってもよいでしょう。一点にとらわれている状態が０次元、それがある一直線の中で

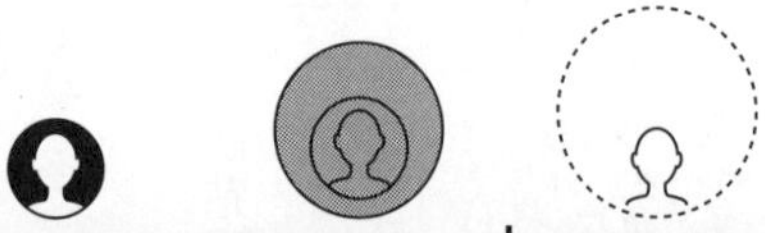

	0次元	N（含む1）次元	無限次元
判断基準	有無・正誤	大小・優劣	差異
信じるもの	正解（権威・常識・教祖）	評価指標	なし
戦い方	戦わない（正解に無条件に従う）	レッドオーシャン	ブルーオーシャン
目指すもの	一つの「正解」	「ナンバーワン」	「オンリーワン」
視野	有限		無限
生きるフィールド	与えられる		自分で作り出す
報酬は……	合格すればもらえる	労力に比例する	リスクに比例する

【図40】　3つの世界観（0次元・N〔含む1〕次元・無限次元）を比較

存在している状態が1次元、その直線がいくつか組み合わさっている状態がN次元、そしてそのような制約が一切ない状態が無限次元ということです。

これらの世界観の違いが、私たちの世の中をどのように形成し、社会をどのようにまわしていくかの詳細は、第7章で論じることにします。

ここで最後に明確にしておくことは、実際の世界と人間の世界観の分布に大きなギャップがあることが、私たちの社会を見る上で大きな役割を果たしているということです。

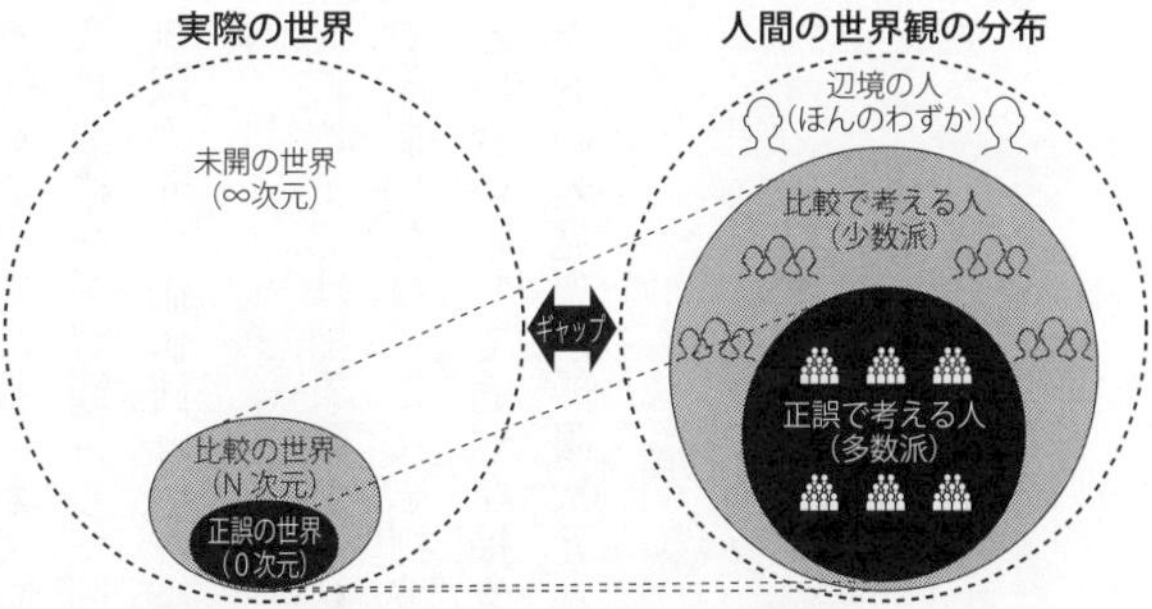

【図41】「実際の世界」と「人間の世界観の分布」の違い

図41の左に示したのが実際の世界で、「白か黒か」「正誤」で判断できる世界や「評価指標が決まっている」０次元、１次元の世界というのはほんの一部なのです。にもかかわらず、多くの人は右のように正誤がはっきりし、指標が決められた世界観の中で行動していることになり、これが人間社会の様々な歪みを生むことになって問題を引き起こすとともに、それを解消することで人間社会が発展するというダイナミズムの基にもなっているのです。

ここまで述べてきたように、人間が生み出した抽象概念の世界というのは多数の人間同士の間で、様々な認識のレベル差を生み出します。０次元や１次元の世界観というのはこのような見えない抽象概念によって縛られることで視野が狭くなっていることを意味します。それはN次元となっても基本的には同じで、ある一定の価値観やものの見方に縛られていることを意味し、そこから自由に発想するためにはそのような抽象概念を客観視して固定的な価値観をリセットすることが必要です。そのためには無限次元の価値観という、特定の抽象概念にとらわれないものの見方が必要となるのです。

ここまでは抽象概念が私たちのものの見方を制約するという視点で様々な次元を語ってきましたが、これを打破するためには抽象概念を固定的ではなく変動的にとらえて時と場合に応じて適切な抽象化を臨機応変に試みていく必要があります。このために有効なものの見方が無限次元というとらわれない世界にあるのです。

第6章　視野狭窄と「具体の谷」

ここまで、見えない世界の拡大と、その見えないものの正体として抽象の世界の構造についてお話ししてきました。抽象はまさに諸刃の剣です。私たちは目に見えない抽象世界に時に縛られることで視野が狭くなってしまっています（例えば前章で表現した「0次元」や「1次先」がこの状態です）。これを受けて本章では、視野狭窄のメカニズムを、具体と抽象という観点から見ていきます。

まず、そもそもなぜ私たちは同じものを見ても、ありのままでなく、歪んだ形で認知してしまうのかについて取り上げ、そのような「認知バイアス」を具体と抽象の視点でとらえた「具体の谷」のフレームワークで提示します。そして具体への性向が視野を狭めること、どうすると具体への志向が強まるのかについて解説していきます。

固着してしまう抽象化された属性

抽象化によって、見えないものを見ることで知的能力を飛躍的に発展させ、社会生活や科学技術を高度化し、心身ともに豊かな生活を送ることができるようになってきた人類ですが、それが決定的な弱点となり、様々な場面で人間の生活におけるマイナス要因となって働いています。

たとえて言えば、私たちは皆「抽象化という眼鏡」をかけて世の中を見ています。この眼鏡は、当然物事をよく見えるようにすることに役立つとともに、いわゆる「色眼鏡」としてネガティブに働いてしまったり、「分厚い眼鏡」（いわゆる「牛乳瓶の底」）のように視野が狭くなったりするということです。「抽象化は線を引くことである」と第4章でお話しした通り、この眼鏡には、実際の世界にはない線が無数に引かれているのです。

例えば、先に挙げた「国境」のような線引きを考えてみましょう。「国家」というような人間の集団を構成することで、社会生活が高度化される半面、「仲間を助ける」という意識が、時に、限られた資源（天然資源、食物、お金など）を分配する上で、いかに仲間の取り分を増やすかという意識を生み、様々な争いをひきおこしてきました。

戦争がよい例です。そもそも「国家」という概念がなければ、国家間の戦争はあり得ません。「線引きによって、会ったこともない人同士で巨大な集団を構成することができる」というメリットは、いざ諍いが起きた時にはとんでもない大規模の殺し合いになる仕組みとも言えるのです。「村」や「町」といった地域コミュニティをはじめとするこのような集団がなければ、人間同士の争いは基本的に1対1か、せいぜい数人同士の

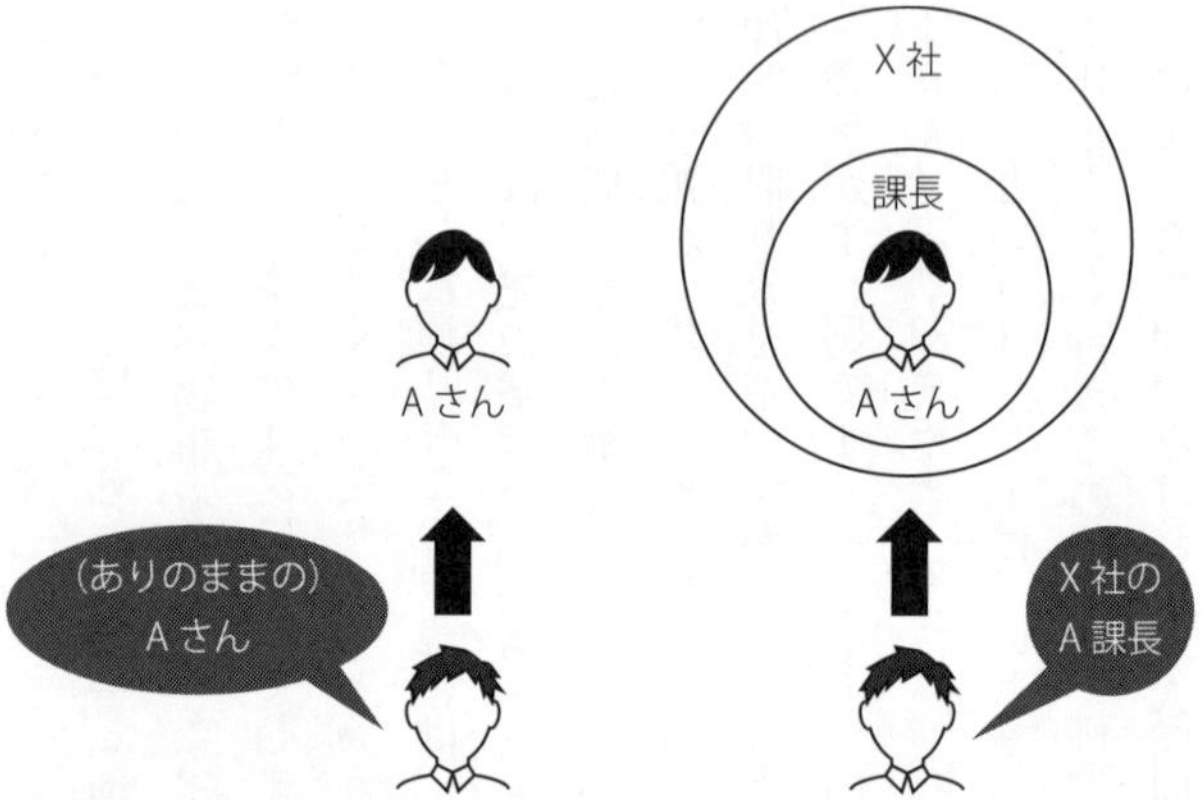

【図42】　集団における生活の長さにより、人を見る目が変わる

個人的な殴り合いぐらいで終わっていたことでしょう。それが多くの人を同じ集団だと思えることにした抽象化という手段によって、桁違いに増幅されたのです。

同様のことは、会社などにおける仕事上の縄張り争いにも通じます。顧客のために付加価値を提供するとか、社会に貢献するといった企業の上位目的を忘れ、利益や面子のために自分の組織のことだけしか考えなくなるという状況は、およそありとあらゆる集団が経験する問題と言ってよいでしょう。

同様に、多数の人員で構成される組織には不可欠である階層という抽象化も、仕事において無用な非効率性を生み出します。管理職に報告するための報告が増えるとか、階層によって伝えられる情報量が異なり意思疎通が取れないなどです。ところがこのような組織や階層の壁というのは、見えないにもかかわらず、組織に属する人の頭の中にはもはや形があって、触ることができるのではないかと思うほど強固なバイアスとして私たちの行動に大きな影響を与えます。

このような集団における生活が長くなった人は、周りの人を所属や肩書で見るようになります（図42参照）。

「組織」や「役職」という見えないものが固着し、離れられなくなった人は、他の人を見る時、常に所属や肩書とセットでなければ判断できなくなってしまうのです。このような場合、抽象化された属性の固着は人種差別やジェンダー差別につながっていきます。ここまで挙げたのは全て、集団での社会生活を営むために用いられている抽象概念が「固着化」することで、むしろ思考の自由度が奪われてしまっている事例です。

そもそも「ありのまま」などない

ここまで「見えるもの」「見えないもの」という言い方でものを見てきました。主に

「見えないもの」からの視点を、次元等様々な形で見てきましたが、その裏返しとして、私たちには何が見えているのかということも、よく考えると曖昧になってきます。

「それは簡単で、人間の目で見えるものだ」というのが自然な答えかもしれませんが、そもそもセンサーとしての人間の目というのも、自然界にある様々な電磁波の中で、いわゆる可視光線と言われている特定の範囲の波長の光線しか見えていません。

私たちが見たり感じたりしていることは、目や耳といった身体的センサーだけでも相当ふるい分けされていて「ほんの一部」しか見ていないのです。ですから「ありのままの自然を感じる」などということは最初からあり得ないのです。

このような身体的なセンサーで、「ほんの一部」だけ認識された信号を、今度は私たちが認知という形で「頭で認識する」わけですが、この時点でさらに私たちが見聞きしているものの像はさらに歪んだ形になっていくのは、ここまで述べてきた通りです。

代表的なのは、私たちが様々な抽象化を行い、ある意味、都合の良い形で対象をとらえることです。この他の主要な要因として挙げられるのは、心理学の世界で「認知バイアス」と呼ばれている認知の歪みです。

誰もが持っている認知バイアス

私たちは、皆完全に客観的かつ論理的に物事を考えているわけではありません。そこには必ず人間なら誰しも持っている心のフィルターや、これまでの経験からくる偏見等も含まれます。このこと自体は必ずしもマイナスに働くことばかりでもないため、これを全て取り除けばよいというわけではありません。

ところが、他人とコミュニケーションを取ったり論理的に物事を考えたりする時には、このようなバイアスが邪魔になることがあります。したがって、これらのバイアスは取り除くというより、自分がどのようなバイアスにとらわれているのかを認識しておくことが重要です。まさに本書のテーマである「見えないもの」の一種が認知バイアスとも言え、これを自覚しておくことが大事なのです。

考えてみれば、「都合の良い特徴だけ抜き出す」のが抽象化の特徴だとすれば、このバイアスそのものもある意味で人間の抽象化能力そのものと言うこともできます。

いくつか認知バイアスの具体例を見ていきましょう。本書の目的は認知バイアスそのものを紹介することではありませんので、数ある認知バイアスの中から、その後のお話に関係ありそうなものを代表として取り上げます。

確証バイアス

人は都合の良いものしか見ない（見えない）ということは、日々の経験からなんとなく認識していることでしょう。ネットで様々な意見があっても、自分の主張を裏付けるものばかりが目立って見えて、「世の中のほとんどの人がそう考えている」という思考に陥ったり、ネット上で都合の良いニュースばかりが目に入ってきたりというのが、この確証バイアスです。

後述する「自分と他人の非対称性」という側面は、この確証バイアスに関してもあてはまります。つまり、他人の確証バイアスはすぐに見つけられるが、他ならぬ自分もその罠にはまっていることには気づきにくいということです。

例えば、ネット等でよく「我田引水」と思われる人の発言に対してしばしば用いられる「ポジショントーク」という言葉があります。そもそも人の発言のほとんど全ては（発言者のなんらかのスタンスに基づいているという点で）「ポジショントーク」のはずです。たとえそれが「中立的な発言」だとしても、そもそも「中立である」ことも一つのポジションであり、そのポジションを取ろうとしている発言者自身も、あるポジションに基づいて発言をしているということです。

他人に対しては「自分の立場に基づいて都合の良いように話している」と批判している自分自身だって、まさにその罠にはまっていることがほとんどなのです。ただしこれが問題だと言っているわけではありません。認知バイアス全てに言えることですが、バイアスを持っていることそのものが問題なのではなく、その自覚がなく他人に対してのみそれを主張する「無知の無知」の状態が、認知の歪みを取り扱う上で問題なのです。

生存者バイアス

「あきらめなければ必ず成功する」とか「志望校は妥協せずに初志貫徹すべし」などといった論調の成功論は、比較的よく見られるかと思います。もちろんそれは、一面において適切なものではあるのですが、必要以上に増幅されている可能性もあります。それを促すのが、生存者バイアスです。

後から「成功談」を語ることができるのは、（当たり前ですが）結果として成功した人だけです。世の中で語られるのは、圧倒的に失敗談より成功談が多く、不合格体験記よりも合格体験記のほうが圧倒的に多いのです。

結果として、「勝てば官軍」的な要素が必要以上に多く語られることになります。子供の頃の夢をあきらめざるを得なかった人は数多く存在するであろうという事実に対し、世の中にあふれる成功者のメッセージは、「夢は最後まであきらめるな」になるというギャップを生み出すのが、生存者バイアスと言えます。

サンクコスト

皆さんは何かの仕事やプロジェクトをやっていて、予定通りにうまくいかなくなり途中でやめたくなったにもかかわらず、「せっかくここまでやったんだから……」と、中止や撤退の意思決定ができないままずるずると続け、「こんなことならもっと早くやめておけばよかった」と思った経験はないでしょうか？

このように、すでに使ってしまった時間やお金といったリソースを「もったいない」と思うあまり、その後の意思決定が歪んでしまうように思えるバイアスを、サンクコスト（バイアス）と言います。これは第2章でお話しした「未来より過去が良く見える」

バイアスの典型例と言ってよいでしょう。

サンクコスト（sunk cost）の文字通り、埋没した（sunk）コストということで、既に使ってしまった様々なコストのことを意味します。「ここまでお金を投入したのだからやめられない」という考えは、私たちが意思決定する際に心を強く支配する感情だとは思いますが、実は論理的に考えると、過去にどこまでやったかという感情的なことは適切な意思決定には関係なく、投資対効果を合理的にするのであれば、その時点からかかる投資とコストで、純粋に判断すべきなのです。既に9割完成しているものを中断するのが合理的でないのは、残りの投資が最初の10分の1になっているのに対して、当初と環境や計画が変わらないのであれば効果は同じですから、普通に考えればどう考えても（当初の計画上で投資を効果が上回る計画だとすれば、効果がその時点からの効果の10倍以上となるので）実施するのが得策だという結論になります。それは「せっかくここまで……」という感情的なものとは、本来一切関係ないのです。

ハロー効果

同じことでも権威がある人が言ったほうの効果が高いというのは、自分自身のことを考えても、周りの人のことを考えても、なんらかの経験があるのではないでしょうか。

同じ学者でも「ノーベル賞受賞の……」という紹介があっただけで、そうでなければ退屈な話に思わず食いついてしまうといったようなことも、あり得る話だと思います。

このように、何かの領域で優れている人、実績がある人は他の領域でも優れていると錯覚してしまうように、なんらかの実績がある人や権威づけがされた人の後ろに「後光がさして」見えるというのが、ハロー効果です。まさに「見えないものが見えてしまう」という、典型的な認知バイアスであると言えます。

ダニング＝クルーガー効果

「できない人ほど自信満々でできると思っている」というのが、2人の研究者（コーネル大学のデイヴィッド・ダニングとジャスティン・クルーガー）が立てた仮説から生まれたダニング＝クルーガー効果と呼ばれる認知バイアスです。この定義を聞いて、周りの人の中で「まさに○○さんのことだ」と誰かを思い出した人も多いのではないでしょうか。

後述する「無知の知」の実践が難しいのも、このようなバイアスが大きな影響を持っていると言ってよいでしょう。

自己奉仕バイアス

自分の成功は自分の努力のたまものであるが、自分の失敗は他人や環境のせいであるというバイアスを自己奉仕バイアスと言います。人は成功談を語る時には自分がいかに努力したか、どんな戦略をとったかといったことを誇らしく、それがあたかも必然であったかのように語りますが、失敗談に関しては運や環境が悪かったとか、お客が理解できなかったとか、とかく他者のせい、かつ偶然であったかのように語りがちです。

これは、他人の状況を客観的に見ていると比較的冷静に判断できるのに、自分のこととなると客観視できず、このようなバイアスにとらわれてしまうことが多いからです。これは次に述べる非対称性のバイアスの典型的な例と言えます。

ここまでは心理学上で使われているバイアスでしたが、本書で重視するバイアスは、以下の2つのバイアスです。これらは特に学術上で定義されている表現ではありませんが、「見えないものを見る」という本書のテーマとは、切っても切れないものであると考えます。

非対称性のバイアス

ここまで述べてきたように、私たちは誰しも論理的に考えることを妨げる認知バイアスから逃れることができません。第5章の0次元と1次元の解説でお話しした非対称の世界観をもたらす認知バイアスを、本書では非対称性のバイアスと呼びます。

非対称のバイアスとは、この場合「自分と他人の非対称性」から来ます。つまり、他人が自分を見る時の認識と、自分が自分自身を見る時の認識に、大きなギャップがあるということです。

例えば、以下のようなことはないでしょうか?

・他人のことは十把ひとからげに一般化して考えるのに、自分は他人とは違う特殊な存在だと思う（いわゆる「レッテル貼り」がこれに相当します。他人には安直に「あの人は○○派だから……」などレッテルを貼るのに、自分がそう言われると、「自分はあの人たちとは違うから」と猛烈に反論する）。

・他人の言い訳は「しょうもない」と思うのに、自分はしゃあしゃあと同じような言い訳をする（「時間がなかった」が代表的でしょう）。

私たちが「自分は特殊だ」と思うバイアスは強烈です。そしてさらに悪いことに、大抵の場合、その自覚がないのが最大の問題です。だからそれを他人から指摘されると、猛烈に反論したくなるのです。

次に、なぜこのような非対称性バイアスが生まれるのかを「具体と抽象」の観点から考察してみましょう。これにはどういう場合に私たちが具体的に物事を観察し、どういう場合に視野が狭くなったり広くなったりするかを考えてみると、その答えが出てきます。

部分と全体のバイアス（「無知の無知バイアス」）

これは先のダニング＝クルーガー効果の一つの解釈と考えてもよいかもしれません。「自分の見えている世界を世界の全てだと思ってしまう」ことで、SNSで起こっている大抵のコミュニケーションギャップは、このような思い込みで起こっている可能性が高いと言えます。

【図43】 部分と全体のバイアス①

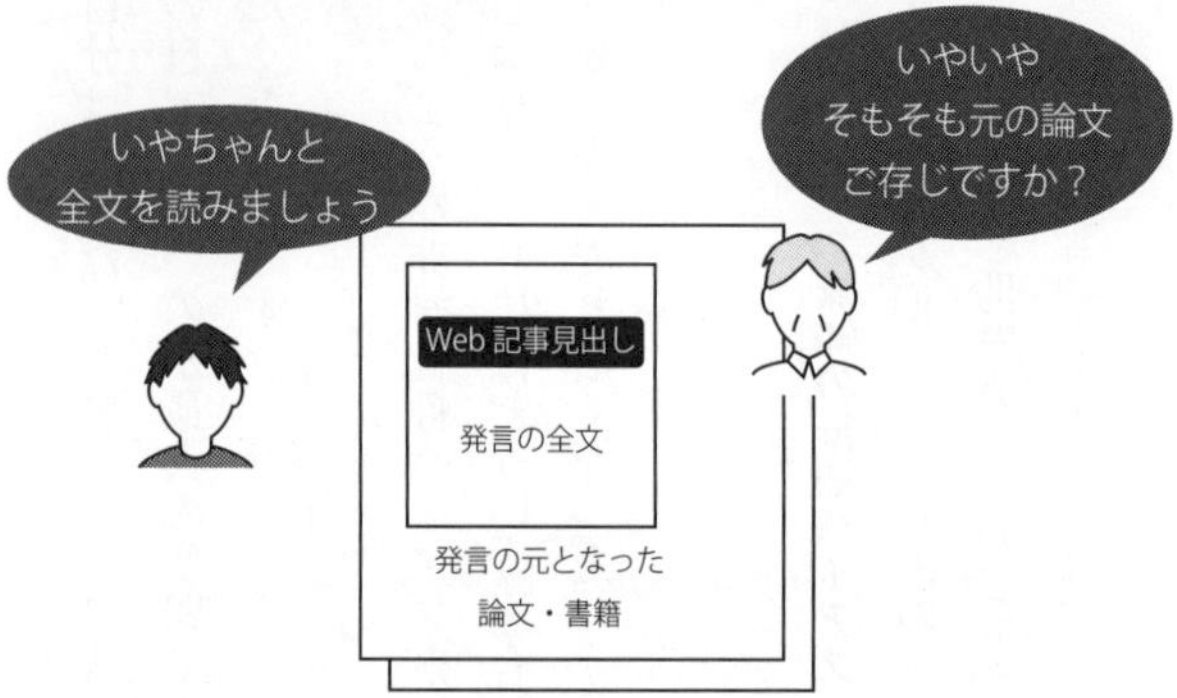

【図44】 部分と全体のバイアス②

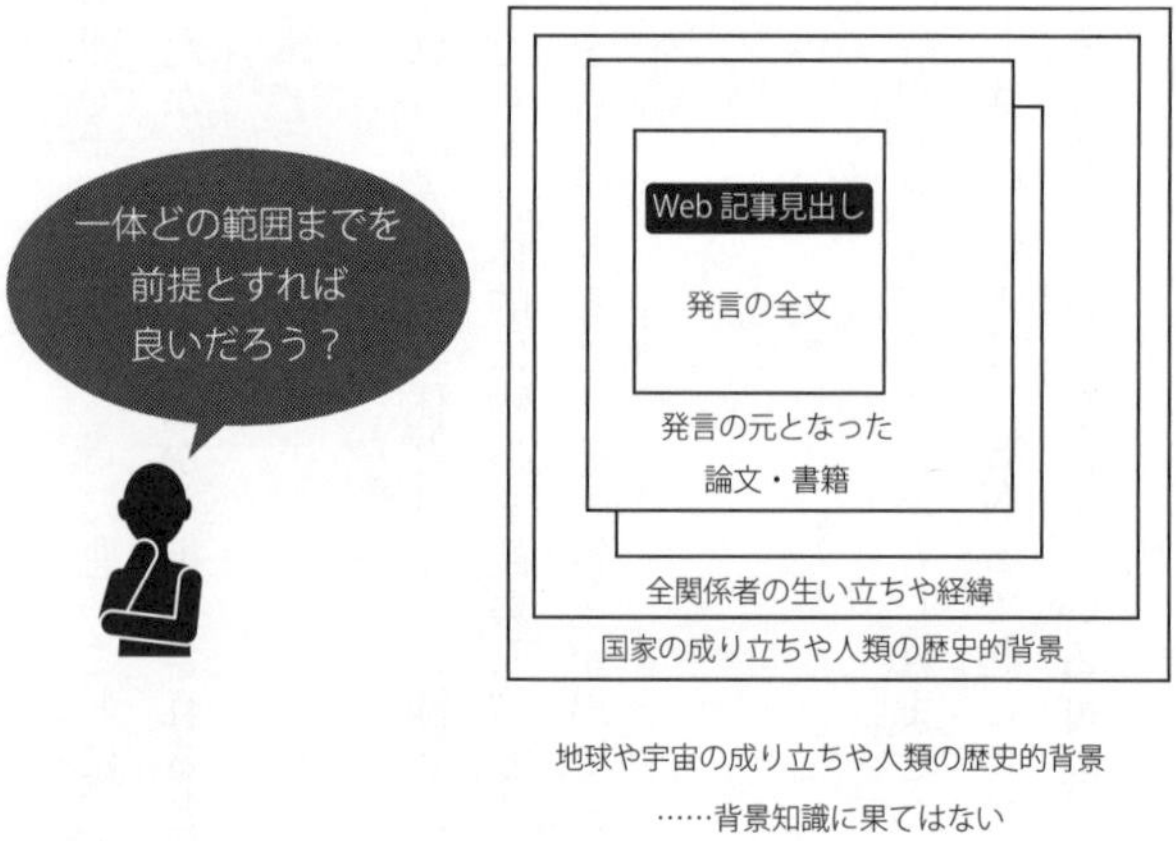

【図45】 部分と全体のバイアス③

一つ例を挙げましょう。ネットやSNSであまりによく起きる構図です。いまやネットの世界では、多くの人がWeb記事やツイートの「見出し」のほんの十数文字だけで発言の趣旨を短絡的に解釈し、それに反応して炎上を起こしています。それに対してそれなりの理性や知性を持った知識人と呼ばれる（あるいは自称）人が、「ちゃんと全文を読んでから判断しましょう」と諭すといったことはないでしょうか（図43参照）。

「確かに見出しだけで反応して短絡的に炎上させている人がいる」と思った人もいるかもしれません。しかしここで注目したいのは、その短絡的な人のほうではなく、むしろそれを（時に上から目線で）たしなめている「（自称）知識人」のほうなのです。

確かに見出しだけで良し悪しを判断し、時に他者の攻撃まではじめてしまうのは「話にならない」低レベルの話かもしれませんが、果たしてその「発言の全文」を読んだだけで、それを全体像と判断してしまってよいのでしょうか？

実はその見出しの元となった原稿や発言も、その背景に数年前に書かれた500ページの論文や著作という膨大な積み重ねがあったのかもしれません（図44参照）。

さらに、この論文や著作そのものも、執筆に至るまでに筆者が歩んできた歴史が前提条件として置かれているはずです。その前には民族全体や人類、あるいは地球が歩んできた歴史が前提とされているかもしれません（図45参照）。

要するにこれらは、（大きい人形の中に少しずつ小さな人形が入っている）という「マトリョーシカ人形」が逆の順番（小→大という意味）で無限に続いている「逆無限マトリョーシカ」のようになっていることに「個々のマトリョーシカ」が気づいておらず、（「ドヤ顔」で）自分より小さなマトリョーシカを諭しているという滑稽な構図になっているのです。

これを見ると、勝手に自分が知っていることを全体像だと思って上から目線で視野が狭い人を諭すことが、いかに危険かということがわかると思います。

もう一つ、別の例を挙げます。

ある人（Aさんとします）が突然立ち上がって「何もしていない人」（Bさんとします）に殴りかかって怪我をさせたとすれば、そこだけ見ていた人は「どう考えてもAさんが一方的に悪く、Bさんには非は全くない」と言うかもしれません。でもこの2週間、毎日BさんがSNS上でAさんを誹謗中傷しつづけていたことを知っている人から見れば、いやあの言葉の暴力はあまりにひどかったから、「Aさんの気持ちは十分にわかるし、むしろそのきっかけを作ったＢさんに非がある」という結論になるかもしれません。ところが、さらにＡさんとＢさんの親世代からの家族同士の長年にわたる争いを知っている人から見れば、また違う見解になるでしょう。

国際紛争を考える場合も同じです。時間的、歴史的に「どの範囲で考えるか」でどちらが良いか悪いかという話は、そう簡単に一つに決められるものではないのです。逆に言えば、それは「どの範囲で判断するか」という前提条件がなければ決められません。しかし、人は往々にして自分が見えている範囲が全体だと勝手に思い込み、それを無意識的に相手と同じ前提条件のもとに考えているのだと誤解してしまいます。

これが部分を全体だと思ってしまうバイアスです。いかに頻繁に起こり、私たちの争いの根本的な要因になっているかがおわかりいただけたのではないかと思います。

「言葉」そのものが最大のバイアス

私たち人間の最大の知的な武器とも言ってよい言葉そのものも抽象化の産物であることはここまで述べてきた通りですが、これがまさに最大のバイアスとなって私たちの前に立ちはだかっています。具体的な事象を言葉という形で抽象化して表現したとたんにそれがバイアスとなって、「ありのまま」の状態から一気にあるフィルターを通して見たものになってしまうのです。皮肉なことにコミュニケーションの最大の武器が同時に最大の障害であるバイアスにもなってしまうのです。

そもそもこれは抽象化という人間の知的機能の最大の強みでもあり弱みでもあるのですが、問題はこのような状況を認識しているかどうかということです。往々にして私たちはこのような言葉が持ついわば「構造的欠陥」に気づかぬままに日々これを使っています。そのために無用な軋轢が生まれているのです。ここでも問題は「自分の視野が狭くなっていてほんの一部分しか見ていないことに気づかないこと」なのです。

これは後述する「無知の知」の裏返しで、いわば「無知の無知バイアス」とでも呼べるものです。ソクラテスが「無知の知」という概念を人間の知の基本として唱えたのも、裏を返せばいかに多くの人がこの「無知の無知バイアス」にとらえられているかを示しているとも言えるでしょう。

この「無知の無知」に関しては、あらためて次章でも詳細に解説します。

「具体の谷」とは？

それではここまでの解説を踏まえて、本書の提示するフレームワークである「具体の谷」について解説しましょう。様々なものを紹介してきた認知バイアスの中でも特に着目するのが最後の２つ、つまり「非対称性バイアス」と「部分と全体のバイアス」です。

要するに人間は、自分中心でしか物事を考えられないということ、そして自分の見えているほんの一部分を全体だと思い込んでしまうということです。これらに「具体と抽象」という視点を追加すると、人間の認知のバイアスを「具体の谷」という形で説明することができ、裏を返せば見えないものを見るために、どうすれば視野を広げることができるかの考察ができるというわけです。

まず図46の縦軸と横軸の定義をお話しします。縦軸は本書のテーマである「具体と抽象」です。「具体の」谷というぐらいなので、谷の深さは具体性の高さ、裏を返せば抽象度の低さと比例します。逆に、第5章で示した抽象の次元が上がるほど、縦軸の抽象度が上がっていきます。つまり、抽象度が高いほど思考の自由度が広くなっていくことになります。

次に横軸が視野の広さです。したがって、図46が逆三角形になっていることの意味合いは、具体になるほど視野が狭くなることを示しています。これが本書のテーマである視野の狭さのメカニズムの説明につながっていきます。

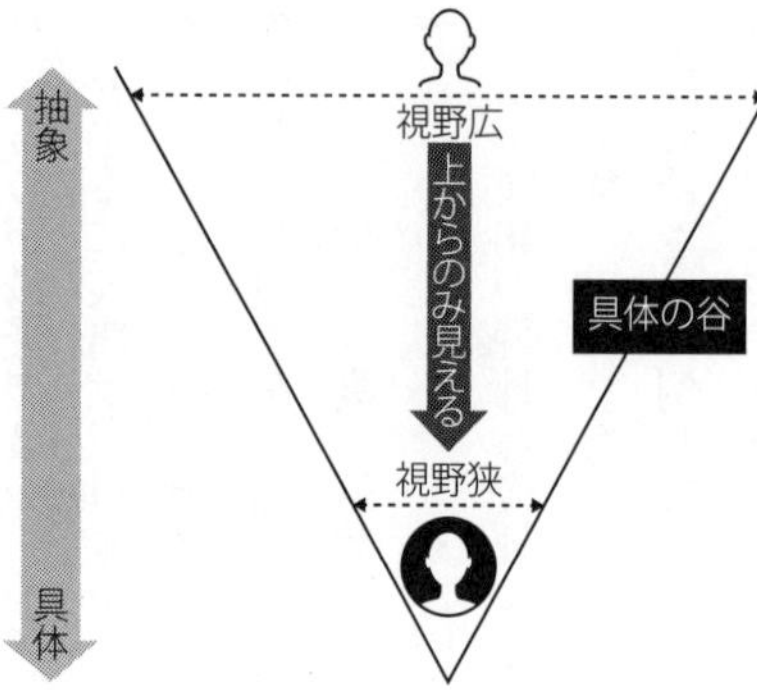

【図46】 具体の谷

具体と抽象の関係は、レーザーポインタと懐中電灯という2つのライトの関係にも似ています。視野に関しては、具体は狭く抽象は広いという関係になりますが、逆にその「明るさ」については、具体のほうが局所的ではありつつも明るく照らすことができる一方、抽象というのは照らす範囲が広くなる反面、明るさが下がってぼやけてくるという側面もあります。具体の谷で言えば、谷底に行けば行くほど物事が明確に見えてくるというわけです。

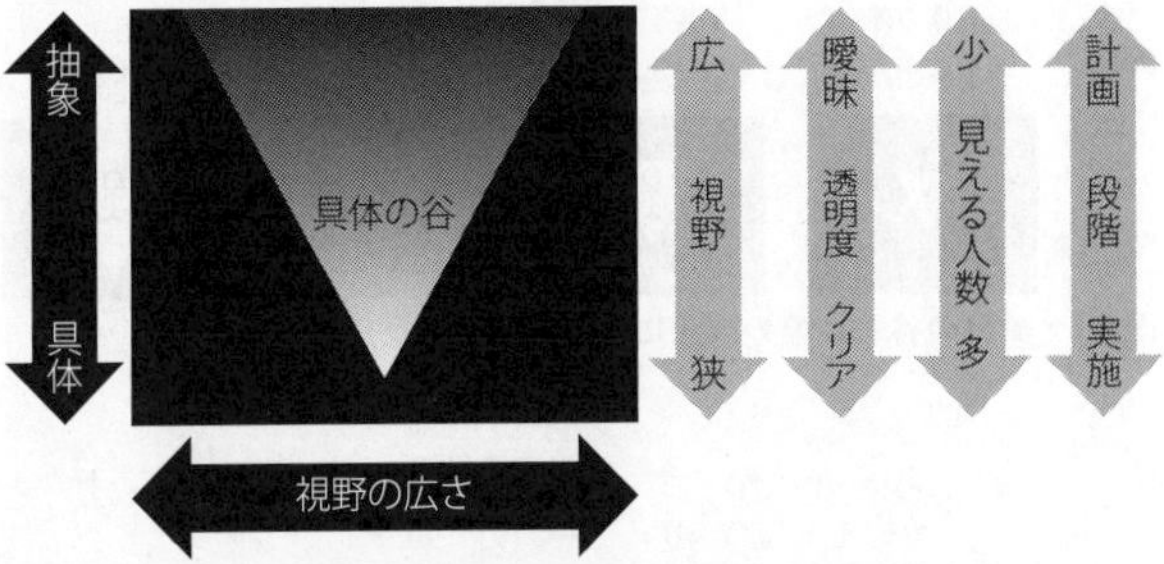

【図47】　具体の谷の縦軸は具体と抽象の一般関係に当てはまる

また、具体の谷では上から下を見ることはできても、下から上を見ることはできません。つまり、具体の谷には「ガラスの天井」ならぬ「マジックミラーの天井」が存在します。つまり、谷の上にいる人には谷底の人が見えますが、谷底の人から上にいる人は見えないということです。これは「具体と抽象」における視界の非対称性（抽象から具体は見えるが具体から抽象は見えないこと）に対応します。

この他にも具体の谷の縦軸は具体と抽象の一般的関係に全てそのまま当てはまりますので、図47のような特徴があります。

まず谷の深さと視野との関係は、図47で示されるように、具体になればなるほど狭くなり、その代わりクリアに見えるようになってきます。逆に抽象というのは、上に行けば行くほど、すなわち抽象度が上がれば上がるほ

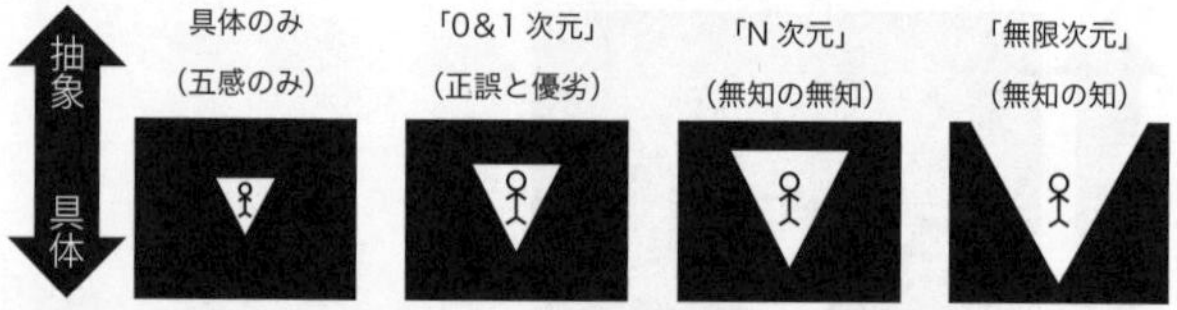

【図48】 具体の谷と抽象の次元による視野の広がりの違い

どぼやっとする代わり、視野は広くなってくるという特徴があります。

抽象の次元と具体の谷との関係

具体の谷と、抽象の次元による視野の広がりの違いを表現したのが図48です。

一番左が具体のみ、あるいは極めて限られた抽象の世界しか見えていないという状態の視野です。実際には人間である以上、なんらかの抽象の世界は見えているわけですから、これは実際には動物に近い（動物にも五感を感じる「センサー」以外の知能はあるので、なんらかの抽象は見えているはずですが、人間に比べれば限りなく小さいという意味で）視野ということになります。

続いて左から2番目は、抽象の0&1次元のみの世界、つまり正誤とたった一つの指標による優劣のみの狭い視野がこれに相当します。さらに指標が増えればN次元となりますが、「無知の知」を実践できない限り、なんらかの視野の限界があるとして「天井」が存在している状態です。

さらに天井がなくなった状態が一番右で、（どこまで見えているかは別として）無知の知を自覚している状態ということになります（実際にこのレベルに達している人はほとんどいないと言ってよいでしょう）。

またこの図で表現されていることとして、自らの抽象の次元より上側を見ることができないという、先に（ガラスの天井ならぬ）「マジックミラーの天井」と名付けた視野の非対称性があります。このように具体の谷にとらわれているという状態は、さらに次元の高い人からは見えても、下から上を見ることはできないのです。

具体抽象ピラミッドと具体の谷との関係

「具体の谷」のフレームワークを見た読者の中には、具体と抽象の説明で登場した図７の「具体抽象ピラミッド」（63頁）と「具体の谷」の関係で混乱する人もいるかもしれません。具体抽象ピラミッドは、文字通りピラミッド型の（下側の具体が広がった）正

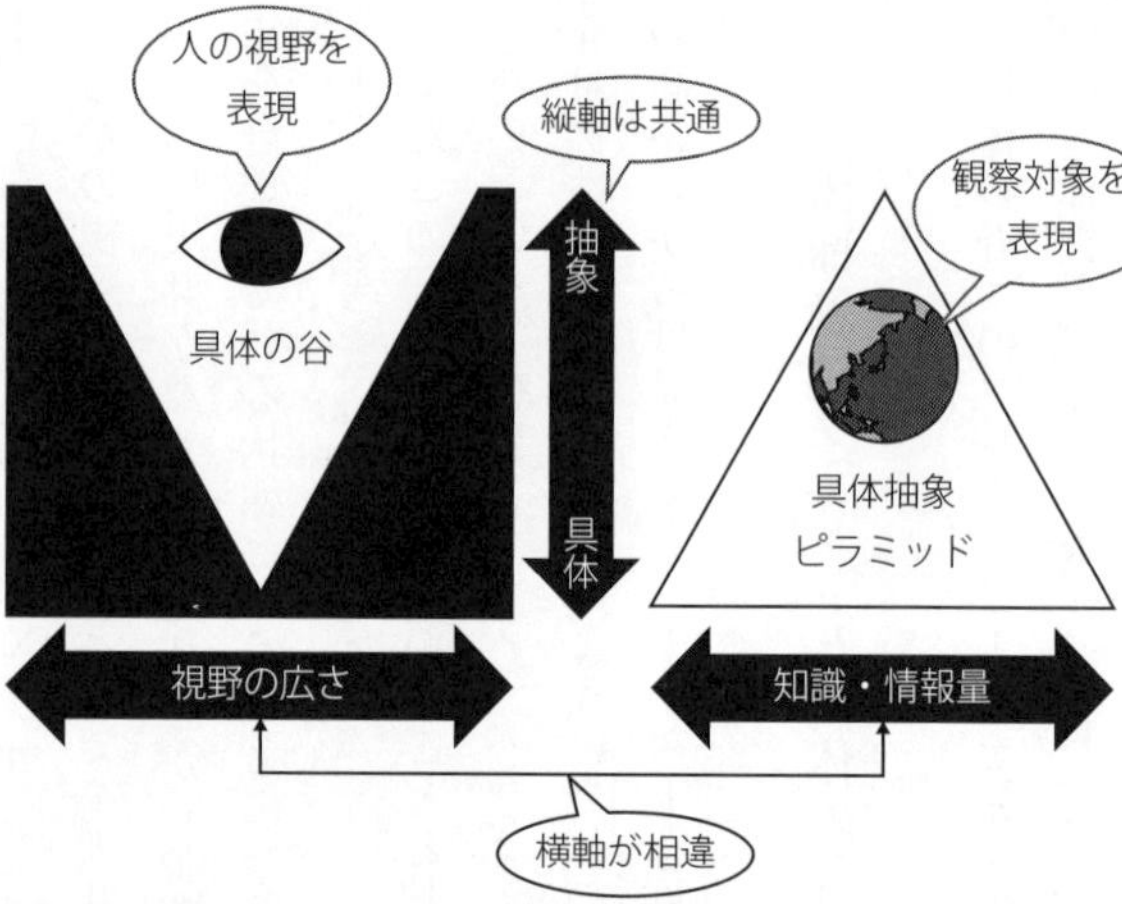

【図49】「具体の谷」と「具体抽象ピラミッド」

三角形で、具体の谷は（上側の抽象が広がった）逆三角形になっているからです。ここでこれらの関係を整理しておきましょう（図49参照）。

まずは両者に共通している縦軸の定義です。本書のテーマである「具体↕抽象」という軸を表現していますので、具体と抽象の関係は両者ともに共通に表現できることになります。

次に、明確に異なっているのが横軸の定義です。具体抽象ピラミッドで表現しているのは、世の中の様々な事象です。したがって横軸で表現しているのは、対象物の「量」や多様性になります。情報やデータの量、あるいは理解できる人の数といったものであり、先の具体と抽象の関係で示したような多くの事例をまとめて分類し、一つの名前をつけたものが抽象という関係になりますから、必然的に上に行けば行くほど狭まっていくという構図になります。知的生産物に当てはめれば、個別の知識や情報、あるいはデータを具体とし、それらを法則としてシンプルに表現したものが抽象という関係です。

これに対して、具体の谷で表現しているのは、個人が見ている視野の広さです。それではなぜ具体になればなるほど視野が狭まるのかを解説しましょう。

なぜ具体になればなるほど視野が狭くなるのか?

具体性と視野の狭さの関係について、ワインに関しての具体抽象ピラミッドをもとに、考えてみます。図50を参照してください。

これはワインと一言で抽象化された言葉で表現されたおおざっぱな分類を細かく分類するとどうなるかをツリー構造で表現したもので、縦方向は抽象↕具体という視点を表現しています。つまり、上に行けば行くほど抽象度が上がり、多くのワインを包括した

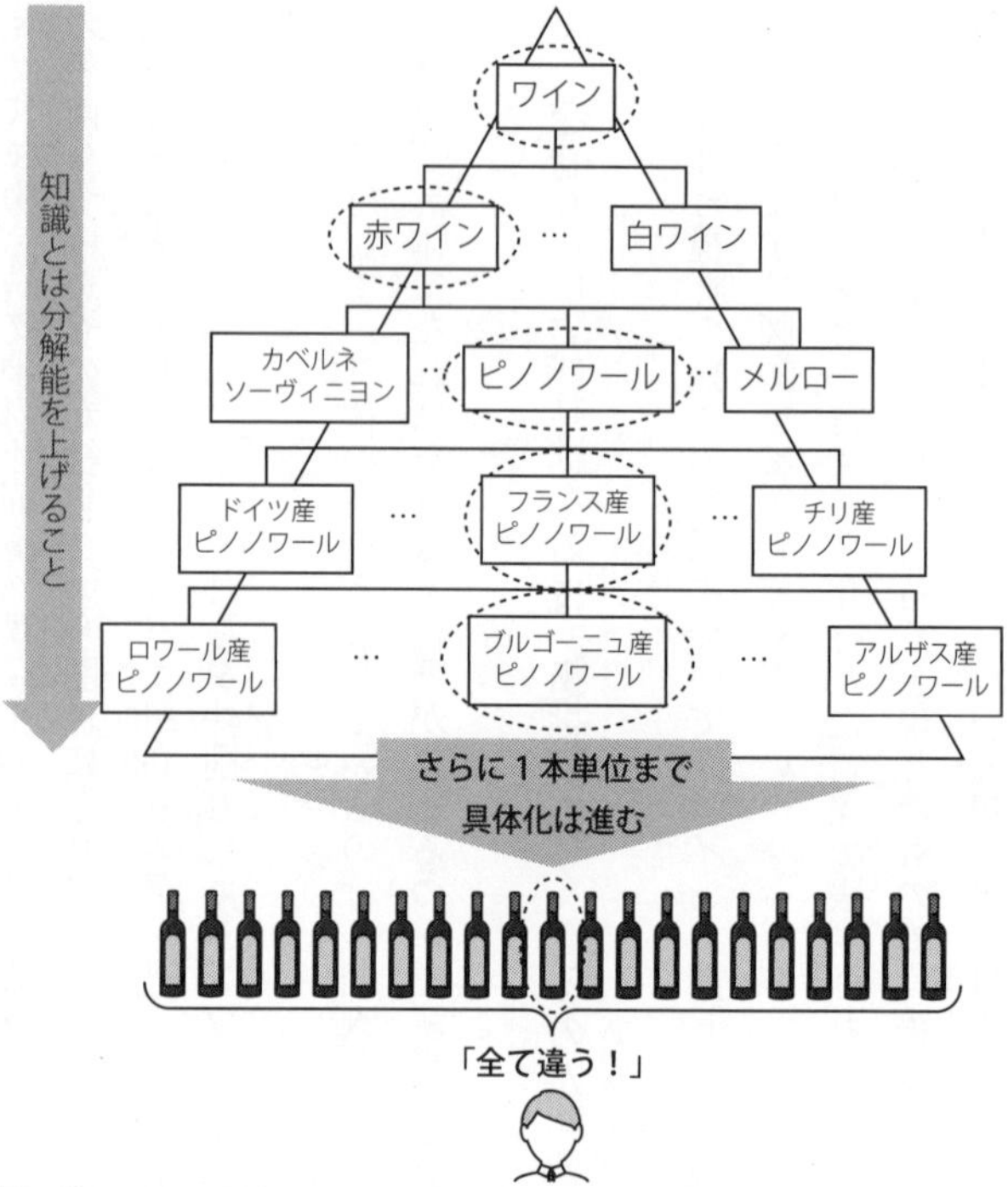

【図50】 ワインの例で見る具体化が進むと視野が狭くなるメカニズム

表現となり、下に行けば行くほど詳細な分類を表現したもの（具体的）となります。

アルコールが飲めない子供からすればワインといえば、自分とは関係ないものというくくりで「すべて同じ」となるかもしれません。ところがワインに詳しくなればなるほど、そうでない人には同じであると思えるものが違って見えてきます。これはひとえに視点が具体化して細部が狭い視野で見えてくることで細かな違いがはっきりと識別できるようになるためなのです。抽象度が上がるほど、一言で多くの範囲のワインを指すことができますが、具体になればなるほどその範囲は狭くなり、究極の具体は一本一本が全て別々のものというレベルになります。つまり、具体性が上がるにしたがって、物事同士の「分解能」（２つのものを別々と認識する細かさ）が上がっていき、それはとりもなおさずその２つを至近距離で見ていることになります。そうなれば当然何万本でも一言で表せる「ワイン」という抽象度の高い言葉に比べ、極めて狭い視野で（その代わりに詳細に）見ていることがわかるでしょう。

これが具体性が上がると視野が狭くなるメカニズムです。さらにこの話からは、知識量が増えれば増えるほど、つまり何かの専門家になればなるほど、細かい違いがわかることになり、この点において知識量と視野の広さは反比例することがわかります（図51参照）。

「専門家はいろいろなことを知っている人なんだから視野は広いはずだ」と思う人もいるかもしれません。しかし、これはある意味で正しいのですが、一度に見るものの視野

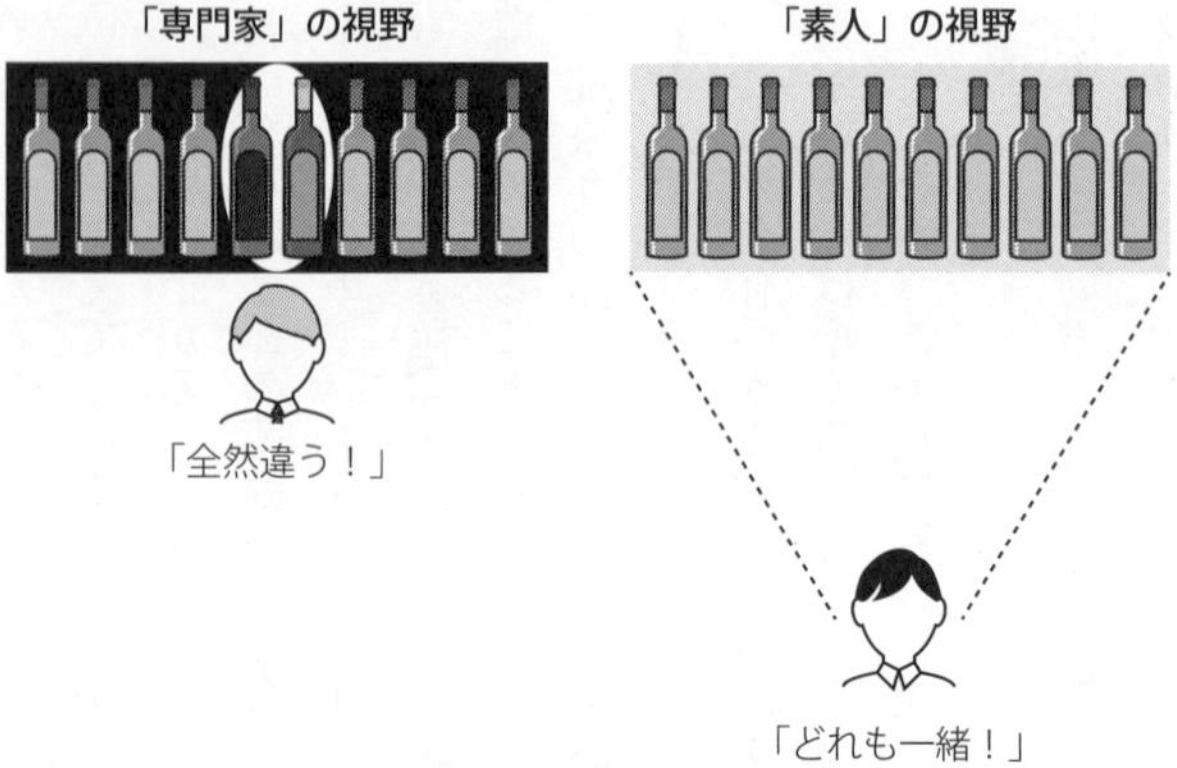

【図51】 ワインの例で見る専門家と素人の視野の違い

という点では、視点が具体的である分、狭まった結果細かいものがよく見えてしまうのです。視野が広いというのは「一度に見る」わけではなく、様々な領域を細かく見ることができるという意味において、視点を動かしながら様々なところを見ることが（一度ではないが）できるという解釈が、より正確ではないかと思います。つまり、専門家というのは、具体抽象ピラミッドでいう「横軸方向」は限りなく広いのですが、その分、抽象度が下がった解像度の高いものの見方をしてしまうことが往々にしてあるということです。

結果として「専門家」は自分の専門領域に属する多くの事象を「ざっくりと一般化」（抽象化）することを嫌う傾向にあり、それらの一般化に対して具体的な違いを指摘して「○○と××を一緒

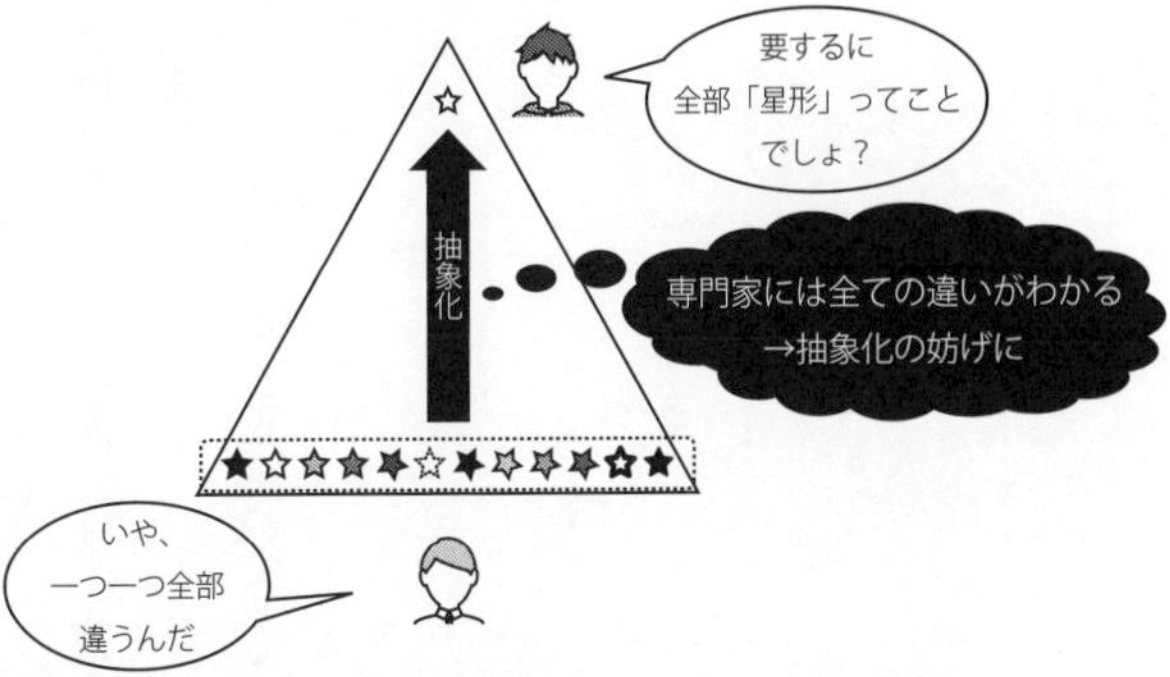

【図52】　ざっくりと一般化（抽象化）することを嫌う専門家の視点

にするのは乱暴すぎる」という結論に傾きがちです（図52参照）。もちろん、この専門知識の幅は抽象化する際にも役立ちます。「地域」とか「ぶどうの種類」とか「生産年」のような違いという「軸」を考えて抽象の次元を上げていくためには様々な具体的なワインの事例を知っていることも重要になるからです。ただしこれは専門性による視野狭窄の抵抗に打ち勝つことが必須になるのです。

実は「専門家ほど物事が近くに見えて視野が狭まってしまう」ことは、先にお話しした「自分と他人の非対称性」のバイアスの説明にもなります。自分のことをなぜ特殊だと思ってしまうのか、それはつまり、自分のことはそれ以上ないほどに具体的な「オンリーワン」だと考えることからと考えられます。それはなぜかといえば、私たちは皆「自分自身に関しての専門家」だからです。自分自身のことは至近距離で見ているわけですから、ある意味視野は狭くなって当然と言えます。

これが自分自身を特別なものだと思って狭い視野でしか見られなくなるメカニズムなのです。

第7章 見えない世界を見るための「無知の知」

ここまで本書では、主に人間の知性だけが見ることを可能にしている見えない世界について、それを抽象概念ととらえることで、そこにどんなレベルがあり、それがどのように私たちの生活に影響を与えているかについて見てきました。また前章では「具体の谷」というフレームワークで視野が狭まることに関するメカニズムを「具体と抽象」の観点から取り上げました。そのようなバイアス等を自覚することも含め、基本的には見えない世界が意識できるようになったほうが、日々の生活を送ったり仕事をしたりする上で、飛躍的に選択肢が増えるとともに、偏見や思い込みを減らすこともできます。

「視野を広げる」のもう一つの意味

「見えないものが見える」のが人間の知的能力であるというのは、ここまで様々な形で表現してきました。さらに人によって「見えるもの」と「見えないもの」の境界が異なっており、その代表が抽象概念の高い次元の事象の見え方でした。したがって、見えないものを見るようにするということは、その抽象度に関しての視野を広げることと言ってもよいでしょう。

ここで視野という言葉を用いましたが、わかりやすい世界における視野というものから考えてみましょう。私たちは様々な基準での「視野の広さ」を持っており、それによって見えている世界と見えていない世界の境界に個人差が生じ、見える世界と見えない世界の線引きが決まってきます。

最もわかりやすいのは、物理的には視野を表現するための用語である「視野角」です。普通の人は左右方向には110度程度の視野角があると言われています。逆に言えば真後ろは当然のことながら90度の左右の真横も見えていません。上下方向でも同様のことが言えます。

このように物理的に見える世界での視野角というのは第2章で紹介した「具体抽象ピラミッド」で言うと「横方向」の知識量に相当します。知識というのは、「0次元」のあるなしで測ることが比較的容易なものなので、知識があるかないかは客観的にわかりやすいからです。

ところが難しいのが縦方向、つまり高い抽象度のものが見えているかどうかです。縦方向の視野の狭さというのは、自覚するのが難しいのです。このような横方向と縦方向の「2つの視野狭窄」に関しては、第2章でスマホの例を取り上げました。本書の目指すところは、縦方向の視野を広げることで結果として横方向の視野も広げていくことです。そのために必要な考え方が、ここまでも繰り返し述べてきた「自らの視野の狭さを自覚すること」つまり「無知の知」ということなのです。これは本書でいう「縦方向」の視野の拡大にも大きく寄与します。様々な場面で取り上げられる「無知の知」の考え方を「横方向」だけではなく「縦方向」にも適用することで、見えない抽象の世界を見えるようにしていこうというのが本章のキーメッセージです。

「未知の未知」という見えない世界

視野を広げるために、まずは「見えていない」部分、つまり盲点の部分である「未知」（見えていない対象のこと）や「無知」（見えていない人の状態のこと）にスポットライトを当てて、「無知の知」あるいはその裏返しとしての「無知の無知」という概念について解説します。未知や無知を知ることで、逆に視野を広げることの意味合いが見えてくるでしょう（このメカニズムは「横方向」も「縦方向」も共通ですが、気づきにくいという点で本書の主役である縦方向に特に有効と言うこともできるでしょう）。

説しましょう。
まず、これは単なる無知とどのように違うのか、そしてそれが何の役に立つのかを解説しましょう。

皆さんの身のまわりに、こんな人はいないでしょうか？

・「大事な連絡をＬＩＮＥでしてくるとは非常識だ」「仕事の人間関係は飲み会で作るものなのに上司の誘いを断るとは言語道断だ」と若者の価値観を全否定する年配者。
・ＳＮＳの誰かの投稿へのコメント欄で長々と自説を展開する人。
・自ら賢人、知識人を名乗っている人。
・「全くあの人は他人の批判ばっかりしているからだめなんだよ」と「あの人を批判している自分」が実はあの人と一緒であることへの自覚が全くない人。

……そして極めつけは、右の項目を見て、「いるいる、あの人もこの人も」と、すっかり自分を棚に上げて「常におかしいのは自分ではなくて周りの人だ」という発想から抜けられない「あなた自身」（つまりこの本を書いている筆者自身も）です。

これらの人々（つまり私たち全員）に共通するのは、「自分は知っている」「自分は

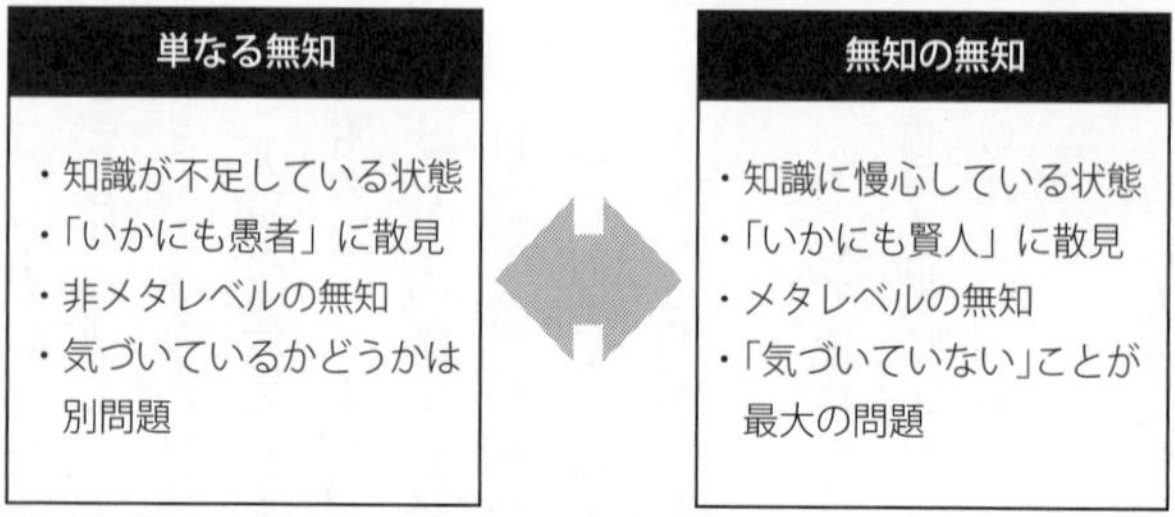

単なる無知	無知の無知
・知識が不足している状態 ・「いかにも愚者」に散見 ・非メタレベルの無知 ・気づいているかどうかは 　別問題	・知識に慢心している状態 ・「いかにも賢人」に散見 ・メタレベルの無知 ・「気づいていない」ことが 　最大の問題

【図53】「単なる無知」と「無知の無知」の違い

（ある領域においては）他人より賢い」という前提で、自信満々で日々を過ごし、他人との意見の相違があっても常に自分の正しさを主張して意見を曲げないという姿勢です。

常にこういう態度でいる人も少ないかもしれませんが、例えば自分が経験豊富でよく知っている専門領域ほどこういう姿勢になってしまうことは、多くの人に自覚があるのではないでしょうか？

「よく知っている領域ほどこのようになりやすい」……これこそが無知の知を意識することが必要である大きな理由の一つです（前章の「具体の谷」でそうなるメカニズムを解説しました）。

ここで、「単なる無知」と「無知の無知」の違いを見てみましょう。図53を見てください。

「単なる無知」のほうは、普段私たちがよく使う「あの人

は無知で困る」といったものなので、詳細の説明は不要でしょう。要は「知識が不足している状態」で、例えば、

・漢字を知らない
・一般常識を知らない
・世界地理を知らない
・テーブルマナーを知らない

という状態です。世の中でよく言われる「あの人ばかだなぁ」と他人にばかにされる人とは多くの場合、「ものを知らない人」を意味しています。

これによるデメリットは説明の必要はないでしょうし、一般にこのような状態との比較から、「だから知識は大事だ」「勉強すればより良い生活が送れる」といった形で、デメリットも明確です。

これに対して「無知の無知」というのは、あまり聞きなれない言葉かもしれません。要は「無知であることを自覚していない」状況で、「単なる無知」に対して、むしろ「自称賢人」に見られる状態であり、本書でいうところの「縦方向の無知」と強く関連

します。

たとえ自称だろうが曲がりなりにも賢人なんだから、必ずしも無知とは限らないではないか、だから自覚する必要が本当にあるんだろうかと思った人もいるかもしれませんが、そこがポイントです。

この「無知の無知」というのは、その逆の状態である「無知の知」、つまり「自分が無知であることを自覚している状態」から説明する必要があります。

これはギリシア時代の哲学者・ソクラテスが唱えたといわれる概念です。当時のギリシアでソクラテスは最大の知恵者だという神託を受けるのですが、本人には全くその自覚がありませんでした。そこで当時の賢人と言われる人たちをまわって様々な話を聞く中で彼が出した結論が、「他の賢人たちと自分が決定的に違っていることは『自分は何も知らないことを自覚していることだ』ということ」だったのです。賢人や知識人と言われる人たちほど自分は全て知っているという思い込みにとらわれていたということです。

これが前章の部分を全体だと思ってしまうバイアスの正体です。

これを別の言葉で表現したのが、図中の「メタ」という言葉です。メタというのは一つ上から物事を眺めるということで、ここでは自分自身を客観的に見て「何も知らない自分を自覚する」といった意味になります。本書で言う抽象度を上げて物事を考えるというのがこのメタの視点とほぼ同一の方向性になります（第6章でお話しした「具体の谷」の上に上がっていくことで見える三角形の面積を広げていくイメージです）。

つまり、無知の知というのは、自分に対しての客観的視点をもって気づきを得ているという状態です。逆に言えば無知の無知というのは気づきがない、つまり自覚がないという状態を意味しています。第6章でお話しした「認知バイアス」の話もバイアスに縛られていること自体は人間なら誰しも当てはまる話で、問題はその状態を客観的に認識できているかどうかなのです。

先の「こんな人いませんか」の最後の例、「批判する人を批判している自分に気づいていない人」など、ネットの世界で多く見られないでしょうか？　しかもそれはいかにも自分が賢人だと思っていそうな人に多い行動だと見えないでしょうか？

「見えないもの」を意識するために本書で目指すのは、まさにそのような人を見て批判したり笑ったりすることではなく（これがまさに「無知の無知」の状態なので）、ここから

「人の振り見て我が振り直せ」と、自らの気づきに変えることで「無知の知」の境地に至ることです（このために、第6章でお話しした自分と他人の非対称のバイアスを自覚する必要が出てきます）。

ではこれから「無知の知」やその逆の状態の「無知の無知」について、具体的な事例やそのメカニズムを一つ一つ見ていくことにしましょう。

あなたはどちら？

ここで皆さん自身が「無知の知」と「無知の無知」のどちらの状態に近いのか、簡単なリストでセルフチェックをしてみることにしましょう（図54参照）。実はこのセルフチェックそのものが曲者で、「自覚がないのが最大の罪」である無知の無知を考慮すると、作成するのが非常に難しいのです。

なぜなら例えば、

「あなたは論理的に考えられると思いますか？」

「あなたは他人に親切だと思いますか？」

	A	完全にA	どちらかといえばA	どちらともいえない	どちらかといえばB	完全にB	B
Q1	新しいものには慎重である	1	2	3	4	5	新しいものにすぐ手を出す
Q2	めったに失敗しない	1	2	3	4	5	失敗ばかりの人生だ
Q3	迷ったら知っているほうを選ぶ	1	2	3	4	5	迷ったら知らないほうを選ぶ
Q4	聞くより話すほうが得意	1	2	3	4	5	話すより聞くほうが得意
Q5	周りには目下の者が多い	1	2	3	4	5	周りには目上の者が多い
Q6	謝るより怒る回数が多い	1	2	3	4	5	怒るより謝る回数が多い
Q7	未来より過去を語ることが多い	1	2	3	4	5	過去より未来を語ることが多い
Q8	教わるより教えることが多い	1	2	3	4	5	教えるより教わることが多い
Q9	自分なりの哲学を持っている	1	2	3	4	5	自分なりの哲学は特にない

【図54】「無知の知」＆「無知の無知」セルフチェックリスト

といった質問に自己採点で答える形にすると、「実はできていない人ほど評価が甘くなる」（皆さんも多かれ少なかれ心当たりがあるでしょう）傾向が出てきてしまって、チェック結果があてにならないからです。これが先のバイアスの項目で述べた「ダニング＝クルーガー効果」の具体例です。

そこでここでは、極力主観が入らないよう、なるべく事実に基づいて客観的に（これも実は難しいのでどうしても主観は入ってしまうのですが）答えられる質問か、明らかな優劣がない選択肢となる質問を身近なレベルで９つ用意してみました。ここまでの議論に比較するといきなり具体的で卑近になったと感じられるかもしれませんが、無知の知という抽象的な価値観への入り口ということであえて身近な行動レベルとのつながりを考えてみたいと思います。
各々の質問の答えを合計してみてください。

・合計値が20点未満の人……相対的に「無知の無知」に陥っている可能性大
・合計値が40点以上の人……相対的に「無知の知」が実践できている可能性大
・合計値が20点以上40点未満の人……どちらでもない

セルフチェックの結果は、あくまでも「相対的」なものであって、相対的に無知の知の人であっても、恐らくソクラテスの域に比べれば全く及ばない人が大多数でしょうし、何より当のソクラテスだって、人間である以上自ら本当に実践できていたかどうかも疑わしいものです。

そもそもこのような「チェックリスト」というのも、複雑な事象を「誰にもわかりやすい」0―1次元に落とし込んで表現しているものなので、第5章で表現した0―1次元の限界を常にはらんでいるものだということは十分ご理解ください。

それでは各々の質問について、なぜそのような評価ができるのかを見ていきましょう。

ここまで出てきた「無知の知」と「無知の無知」との比較のイメージでとらえてもらえればよいかと思います。

知的好奇心の有無

Ｑ1とＱ3は、一言で表現すれば知的好奇心の有無です。常に自分の知らない新しいものの中に、いまより良いものがあると考えるのが知らないことや新しいことへの指向となって現れてきます。逆に言えば、無知の無知の状態というのは、いまある状況のほうが未知の将来の状況より良いと信じていることが根本にあります。未知のものというのはリスクの塊です。ここでリスクというのは不確実性のことで、肯定的な方向と否定的な方向の2方向があります。具体の谷でいけば、知的好奇心は重力に打ち勝って上向きに谷を上っていく動機付けであり、上に行けば広がっていく自由度やリスクへの志向とも言えます。

未知である以上、いまより悪いものである可能性がある反面、より良いものである可能性もあります。このような場合に否定的な方向のバイアスがかかって物事を見ることで、新しいものを本能的に避けるのが無知の無知の姿勢で、このようなバイアスを持たずに「良いか悪いかわからないからとにかく試してみよう」というのが無知の知の姿勢ということになります。

これは一般化すると「知っていること」に重きを置くのか、「知らないこと」に重きを置くかという違いになりますから、思考が過去に向かうか未来に向かっているかの違いに表れてくるのは必然です。

失敗に対する認識

Q1とQ3の結果として、Q2にある失敗に対する許容度が変わってきます。世の中の評価としては「失敗しない人＝賢い人」というイメージがありますが、これがまさに無知の無知の落とし穴です。結局失敗しない人というのは、決められた枠の中でしか勝負しないことによって勝率を上げている（失敗するかもしれないものには手を出さない）だけなので、一見愚かに見える「失敗ばかりの人」のほうが、実は広い視野で考え、多くのチャンスに恵まれる可能性があるのです。第5章で解説した「抽象の次元」で言えば、固定次元（N次元）というのが「枠を固定している」という状態です。流動（無限）次元を意識していればそもそも失敗はつきものです。

話すか聞くか

前述の姿勢の違いは、コミュニケーションにも表れてきます。

少し考えればわかりますが、他人に何か話している時と、他人から何かを聞く時を考えれば、当然聞いている時のほうが学んだり情報を得たりすることが圧倒的に多いはずです。それが一方的に話してしまうということは、明らかに自分のほうが他人より語ることがあるという前提を置いている可能性が高いのです。

当然こういう人が普段周りの人とどういう関係にあるかといえば、教える＝話す、教わる＝聞くということになりますから、Ｑ８の回答にも関わってくることになります。「無知の知」の人はまずは質問し、とにかく聞くことを優先させるはずです。ここでも、固定次元なのか流動次元なのかという抽象概念への姿勢が表れることでしょう。

怒るか謝るか

コミュニケーションの問題では、誰かとの行き違いが発覚して、いきなり話し出す場合、それは恐らく「怒り」という形であることも多いでしょう。それは自分の理解できる範囲のみで判断して（その場合は当然自分のほうが正しい可能性が高い）相手の非を追及するという形になります。

これに反して、無知の知を意識している場合、自分の考えが及ばない原因によってその問題が発生するかもしれないと考えるので、（そこが見えていなかった）自分に見えていなかった世界がある可能性もあると考え、「まず（相手より自分が悪いというより、状況を把握する前に判断してしまったという点を）謝る」という姿勢につながることでしょう。

このように、無知の無知が他責であるのに対して、無知の知は常に自責であると言えます。

周りが目上か目下か

このような姿勢の違いはどこから生まれるのでしょうか？

この辺りは鶏と卵の要素も大きく、周囲に目上の人が多ければ、「有無を言わさず謝る」ことが多くなるのではないでしょうか？　その結果として、必然的に無知の知の視点を持てる可能性が高くなります。逆に、周りが目下の人で固められている場合には、怒る場面のほうが多くなるのではないでしょうか？　この結果として、一般的に前者が賢いと思われている「上司―部下」「親―子」「先輩―後輩」「先生―生徒」「専門家―素人」の関係は、無知の知と無知の無知の関係性からは完全に逆転することになります。

以上、セルフチェックリストの解説をしてきましたが、世間の賢さとは反対に、知れば知るほど、えらくなればなるほど無知の無知に陥っていく傾向が高いことは理解してもらえたでしょう。

ソクラテスの時代から「賢人が陥りやすい落とし穴」は変わっていないのです。

「無知の知」を考えるためのフレームワーク

「無知の知」と「無知の無知」の違いの概要を示したところで、これらの思考回路がどう違うかを考えていきましょう。ここで一つのフレームワークを提示します。ここでいうフレームワークというのは、物事を見る時の枠組みで、これによって2つの思考回路の違いを明確にすることができます。

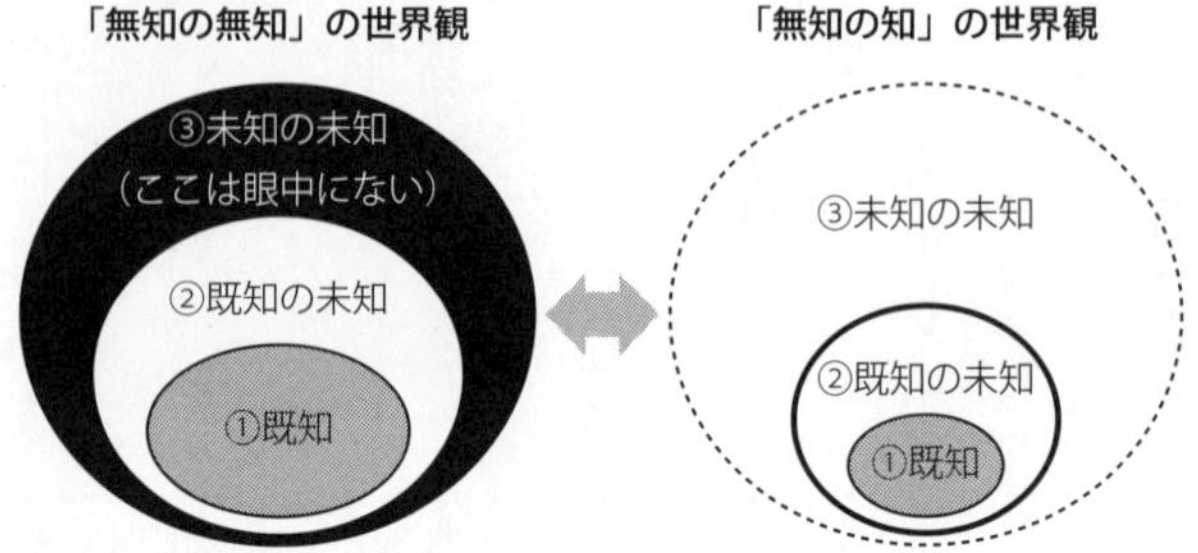

【図55】「無知の知」を考えるためのフレームワーク

図55の左右が、２つの思考回路を「世界観」として模式的に示したものです。まずはこの図を理解するために、図に登場する３つの輪について解説します。

この３つの輪は、内側から順番に①②③と広がっていきます。この①②③について示したのが図56です。

ここでは、私たちの身のまわりの事象を大きく３つに分けています。まずは既知か未知、つまり知っていることか知らないことかです。さらに未知のほうを２つに分け、「既知の未知」と「未知の未知」、つまり「知らないと知っている」領域と「知らないことすら知らない」領域に分けることで合計３つになります。これらが先の図55の３つの輪というわけです。

ここで図55の左右の違いを解説しましょう。

まず左側の「無知の無知」の人の思考回路です。簡単に

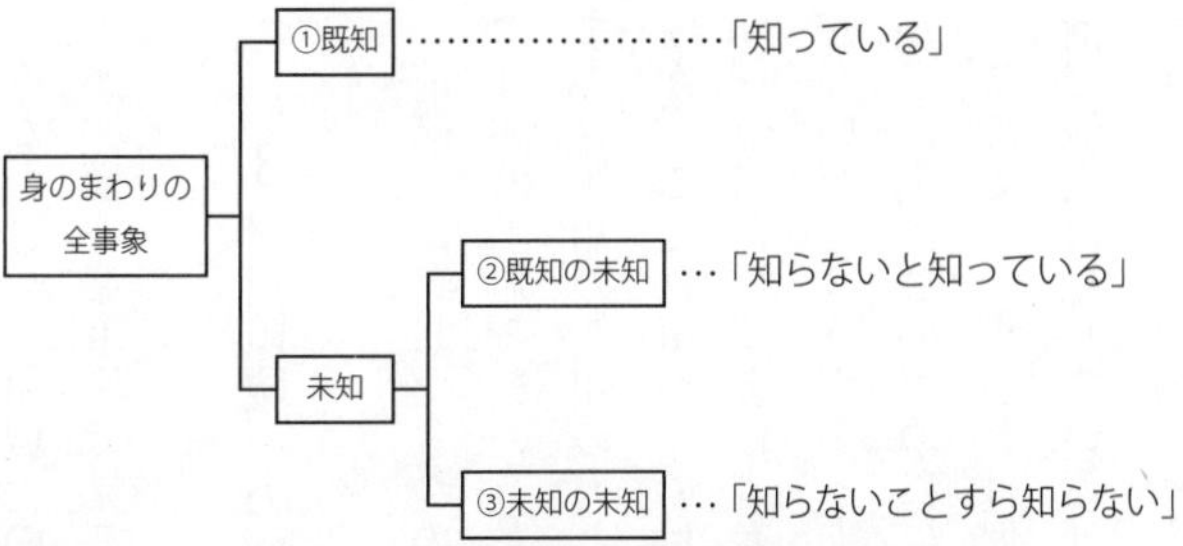

【図56】　フレームワークの思考回路の違いを構成する３つの輪

言うと「無知の無知」の人には③の領域が認識できていないということです。つまり自分が「知らないことを知らない」領域が膨大にあることを認識していない状態です。もちろん「無知の無知」の人も自分が知らないと認識している②の領域はありますが、そもそも「気づいていないことにも気づいていない」ことには気づきようがないので、②の領域が世の中の全てだと思っていることが特徴です。

続いて本書が目指す「無知の知」の思考回路ですが、大きな特徴は、③の領域をとてつもなく大きなものであると認識しています。つまり、世の中には自分が気づいていないことにすら気づいていない領域のほうが圧倒的に大きいことを認識しているのです。

この③の領域に対しての相反する考え方が、２つの思考回路の決定的な違いを生み出しています。ここから、このような「3つの領域」の認識の違いが、具体的にどのような言動の違いとなって表れるのか、様々な事例で見ていくことにしましょう。

「3つの領域」の例

前節で定義した3つの領域とは何か、具体的に見ていきましょう。特にわかりにくいのは③の「知らないことすら知らない」という「未知の未知」の領域ではないかと思います。無知の無知の人というのは、そもそもこの領域があることに気づいていないのですが、ここに気づくのは、実は至難の業です。

一つ例を挙げましょう。皆さんは「あの人は裏表がない人だ」という表現を使うことがないでしょうか？　あるいは皆さんの周りには裏表のある人やない人がいるでしょうか？　実はこの表現にはとんでもない落とし穴が潜んでいます。

ここで人の裏表とは何かを考えてみます。まず表の部分は簡単です。仕事や日々の生活で他人に見せている通常の顔です。不特定多数の人に対して見せている公の顔と言ってもよいでしょう。そして次に裏の部分ですが、これは例えば特定の人たちにしか見せない顔のことで、例えば芸能人で言えば、ステージ上で見せる顔が表の顔とすれば、楽屋で特定のスタッフにしか見せない別の顔があればそれが裏の顔です。あるいは、飲食店の従業員で、お客に店頭で見せる顔が表の顔で、厨房で同僚にのみ見せる顔がそれと異なっているとすれば、それが裏の顔ということになります。

一般に裏表がない人というのは、ここで言う裏の顔が表の顔と一致しているために、一つの顔しかないように見える人のことです。ところがここに大きな落とし穴があるのです。よくあるサスペンスドラマの犯人というのは、決して裏表のあるように見える人ではありません。「裏表のないように見えながら、実はさらにその向こう側にもう一つの裏の顔があった」という場合がほとんどではないでしょうか？　いかにも「どんな人にも親切に見えた人」が、実はさらにその裏の顔があったというパターンでしょう。

つまり、そもそもが「裏表がある」と他人に見破られている時点で、それは単なる「三流の裏表のある人」であり、本当の「一流の裏表がある人」というのは、そもそも裏の顔なんてものがあることすら見せない人なのです。「無知の無知の人」というのは「三流の裏表のある人」の裏表ぶりを見つけて「一流の裏表のある人」(一見裏表がないように見える）と比べて「裏表がある人はすぐに見抜ける」などと浅はかな見解を披露

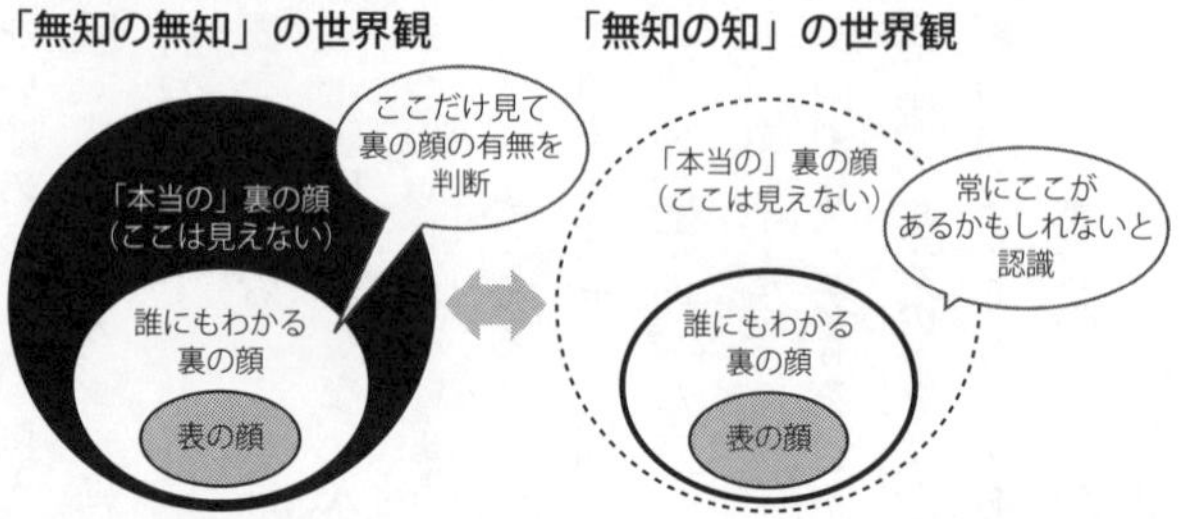

【図57】「無知の無知」と「無知の知」のフレームワークに裏表の顔の例を当てはめる

してしまいます。

ところが「無知の知」の人は、どんな人でも必ず「見えている以外の部分」（裏の顔）があるかもしれない（しかもそれはとんでもなく深淵なものである可能性がある）ことを意識しているので、そう簡単に「あの人は裏表がない」などという発言はしません（そもそも簡単に見えないから「裏の顔」なのです）。

ここで先のフレームワークに裏表の顔の例を当てはめて考えてみましょう（図57参照）。

「2番目の円」が世界の全てだと思ってしまうことが、いかに危険なことかがおわかりいただけたでしょうか？　この後さらに、「3つの円による世界観」による無知の知の実践の他の事例を見ていきます。

「3つの輪」で眺める世界観の相違

他にも世の中を3つの輪で見ることによって、無知の知を意識すると、世の中が変わって見えることは数多くあります。

それらを考える上で、これら3つの輪を別の見方で定義しておきます。

前々節で表現した①既知、②既知の未知、③未知の未知という考え方は、日常生活や仕事において、それらを「知っている度」「気づいている度」で分類することに役立ちます。全てが同じレベルで定義できるわけではないので、①②③の関係性は項目によって微妙に異なるかもしれません。しかし多くの人が「一番外側の領域」のことを意識せずに①②をもって世の中の全てであると思いがちであることがポイントなので、その観点で3つの輪による分類で世の中を見ていきます。

図58で示したように、これらを「問い（＝問題）があるかどうか？」「答えがあるかどうか？」で見ると、「問いも答えもある（答えが既に存在する）」のが既知の領域、つまり一般に知識と呼ばれる領域です。ここは、過去に誰かが出した答えの集大成を蓄積

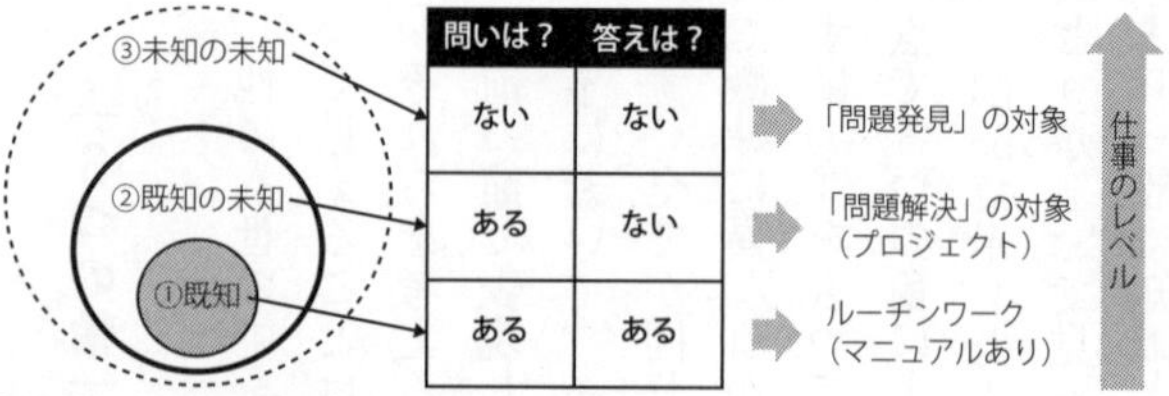

	問いは？	答えは？	
③未知の未知	ない	ない	➡ 「問題発見」の対象
②既知の未知	ある	ない	➡ 「問題解決」の対象（プロジェクト）
①既知	ある	ある	➡ ルーチンワーク（マニュアルあり）

【図58】　3つの輪で見る仕事のレベル分け

したものなので、仕事で言えばできれば機械化・ＡＩ化していきたい領域です。

そして2番目が「問いはあるが答えがない」、つまり問題解決の対象となる領域です。そして最後の3番目が「問いがない（当然答えもない）」という領域になります。つまりここは問題発見の対象となる領域ということです。前章までの抽象の次元とつなげれば、問題の発見というのは新たな次元への気づきということになります。

このような構図を踏まえた上で、いくつかの事例を紹介していきます。

図59で示した項目のうちのいくつかを取り上げていきましょう。「3つの輪」は内側が、最も誰にも見えやすく確実なもので、外側にいくほど見える人の数が少なくなり、不確実でぼんやりとしたものとなっていきます。つまり、外側の輪、特に第3の輪とい

	「第１の輪」	「第２の輪」	「第３の輪」
時間軸	過去	現在	未来
顧客	既存顧客	競合相手の顧客	潜在顧客
顧客の声	クレーム	改善要望	「心の声」
情報の検索	既に持っている情報	キーワードで得られる情報	キーワードすら思い浮かばない情報
プロジェクト管理	タスク	イシュー	リスク
ビジネス計数	コスト	既存事業売上	新規事業売上
「素人」と「専門家」	「素人」が知っている領域	「専門家」が知っている領域	「専門家」も知らない領域

【図59】　ビジネスにおける３つの輪のレベル分け事例

うのは、相当意識している人にしか見えません。第１の輪は誰にでも見え、第２の輪も大抵の人には見えます。無知の知の３つの輪の定義でいうところの「既知の未知（知らないことを知っている）」という点で、広い意味では「既知」の領域に入るからです。

まずはビジネスにおける「顧客の声」の３段階を考えてみましょう。最もわかりやすく気づかない人がいない問題はクレームです。先の３つの輪の定義にもどれば、クレームに関しては、「本来できているべきことができていない」ことから、くることが多い点を考えれば「対処の仕方（＝問題に対する答え）」もある意味で明確です。「本来通りの状態に戻す」ことが先決だということです。もちろん怒っている顧客の怒りを鎮めるのは必ずしも簡単ではないかもしれませんが、それでも全くどうすればよいかわからないという状況は比較的少ないのではないかと思います。

続いて「改善要望」です。例えばハードウェアとしての製品であれば、軽くしてほしい、小さくしてほしい、安くしてほしい、速くしてほしいといったような、「いまある機能」をさらに良くしてほしいという顧客の声のことです。これは何が問題かに関しては明確です。ところが、どうすればできるかについては必ずしもすぐにわかるわけではありません。いまある製品というのは、限られた条件の中でベストの価格や大きさ、あるいは速度というものを実現した状態のものであるので、簡単に思いつくやり方で改善できるぐらいなら既にやっているため、問題は明確でも解決策は一ひねりして考えることが必要となるでしょう。要は「問いはあるが答えがない」という第2の輪であるということです。

そして第3の輪というのが「心の声」です。よく「潜在ニーズ」と言われるものがこれです。要は、顧客が口にして言ってはいないが、潜在的に思っていることです。新開発のヒット商品や新たなイノベーションと言われるような製品というのは、このような潜在的な顧客ニーズに応えたものが多いのです。例えばスマートフォンが出てくる前の「ガラケーの時代」に「スマホが欲しい」と言った顧客はいないし、ポケモンGOが出てくる前にポケモンGOが欲しいと言った人はいないのです（これらの事例はまさに製品やサービスにおける新しい次元＝変数を見出した例と言ってよいでしょう）。

ところが、世の多くの人は第2の輪までしか見えていないために、顧客が直接口に出して言っていることやクレームに対応するだけという形で顧客の声に踊らされ、改善型の商品や「いまある変数の最適化」しか思いつかない人がほとんどなのです。ここでも「無知の知」を実践している人は、「実際には顧客が口にしていないが、『あったら便利だ』と思えるものが必ずその外側にあるはずだ」という認識を常に持っているために、目に見える（耳で聞こえる）顧客の声というのは顧客の要望の「ほんの一部である」ことがわかっているのです。

第2章で述べたように、人は「いまあるもの」について語ります。顧客というのは「いまある製品やサービス」の「いまある変数」（速度や価格や時間等）を「よりよくしてほしい」と要望してきますが、これが第5章で表現した「固定次元」（N次元）的なものの考え方なのです。ここから新たな見えない次元を見つけられるかが革新的な製品やサービスを生み出せるかどうかの分岐点であるということです。こう話すと、顧客要望は「ないもの」をつけてほしいというものが多いと思う読者もいるかもしれませんが、これも多くは「他であるのに当該製品やサービスにない」という動機での「ないもの」への着目がたいていなので、これは「あるもの」からの発想であるとここではとらえます（「あるはずのものがない」ことへのクレームも同様です）。

このような問題意識を持っているかどうか、つまりいかに「無知の知」の視点を持てるかが潜在ニーズをいかにつかめるかに大きな影響を与えるのです。

顧客にも3種類

同様に考えれば、そもそも顧客にも大きく3種類あることがわかります。一つ目は既存顧客、そして二つ目が潜在的に顧客と認識しているが、まだ顧客にはなっていない、いわばターゲットとする顧客です。最もわかりやすいのが現状競合する製品やサービスを利用している顧客です。ビジネスではここまでのみを顧客と認識している「無知の無知」の人が圧倒的に多いのではないでしょうか？　市場を「シェア」で考える発想がこれです。

ところが実際には、顧客になることを想定もしていなかった顧客というのだってありうるはずです。例えば女性用の化粧品を実は男性が買っているかもしれないとか、子供向けのやさしい解説書を実は大人が読むかもしれないといったことです。

近年の例で言えば、カーシェアリングで車を借りているが、実は運転をせずに中で休憩したり子供をあやしたり、動画鑑賞をしているユーザが一定数存在することが調査でわかったりしています。

そもそもこのような「顧客」は最初から想定することはできないのですが、それでも「想定外の顧客がいるかもしれない」と③の領域を頭に入れながら商品開発をしたり売上データを分析することで、新たなニーズをつかまえることが可能になるというのが「無知の知」的な発想です。

ここまでいくつかの例を見てきて気づいた方もいるかもしれません。実は「無知の知」のものの見方によれば、③の領域には外枠は本当はないのです。③は無限だと考えるというのが無知の知のものの見方ですが、本フレームワークでは便宜上③の外枠を点線で表現しておきます。

「無知の無知」の世界観　「無知の知」の世界観

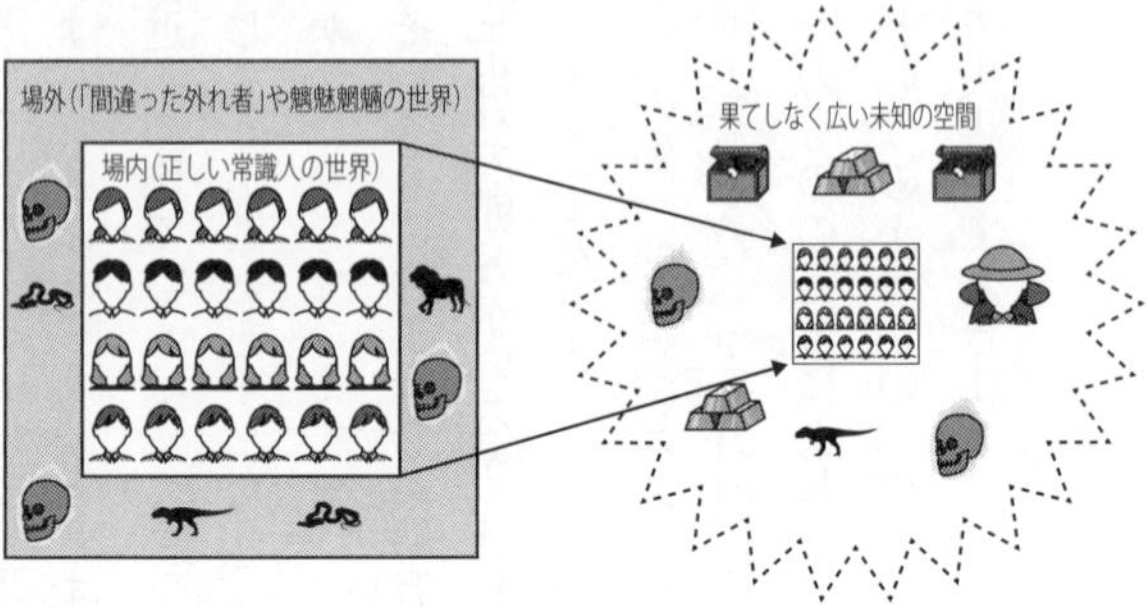

【図60】「無知の無知」と「無知の知」における世界・社会観のスケールの違い

2つの世界観の違い

ここまで述べてきた、3つの輪について、簡単に表現すれば、無知の知とは常に第3の未知の世界が広がっていることを常に認識し、自分が知っている既知の世界などほんの一部であるという世界観、社会観を持っているということです。

このようなことを考慮すると、無知の知の世界・社会観は無知の無知のそれとは、図60に示すように対照的なものになります。世の中には大きく分けると、このように2通りの見方で世界を認識している人たちが存在し、それらの世界観の違いが、様々な活力を生み出すとともに対立構造も生み出すことで、世界が動いているのです。これ

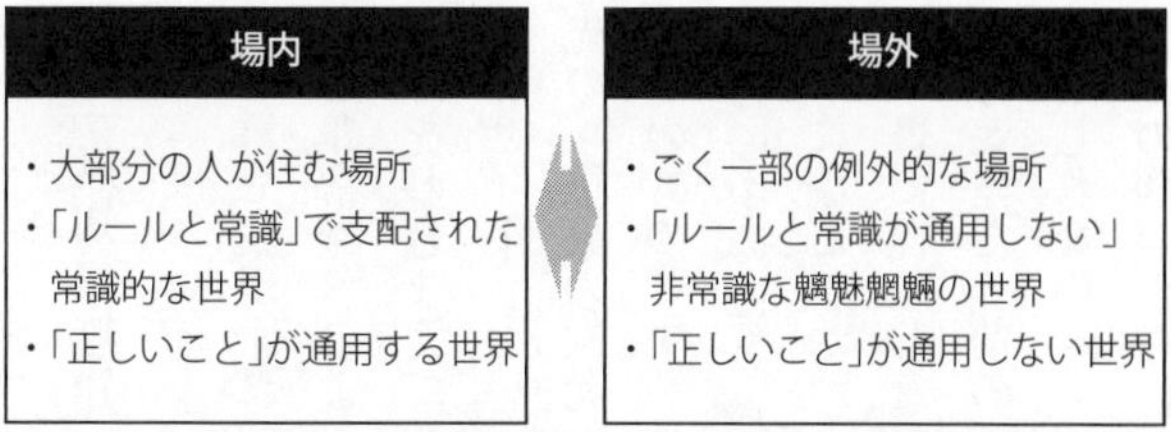

・大部分の人が住む場所
・「ルールと常識」で支配された常識的な世界
・「正しいこと」が通用する世界

・ごく一部の例外的な場所
・「ルールと常識が通用しない」非常識な魑魅魍魎の世界
・「正しいこと」が通用しない世界

【図61】「無知の無知」の世界観を持つ人の「場内」と「場外」のイメージ

がまさに第5章で述べた有限次元（N次元まで）と無限次元の世界観の違いと一致します。

基本的にこれらは、「3つの輪」の見方の違いからきています。

まず「無知の無知」の世界観ですが、そもそもが「自分が認識している世界が全てである」という認識に基づいています。

ですから、そもそも世界の認識に占める（自分の所属する）「常識人の世界」が世の中のほとんどを占めていて、その周辺部にわずかに暗黒部分として、その世界から外れた人たちの世界があるという構造になっています。このような人たちは、図60の左にある「場内」（図中の白の領域）と「場外」（図中のグレーの領域）を分けて考えます（図61参照）。

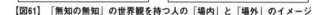

「無知の無知」の人の世界観

一言で表現すれば、この世界観には「正しいものと間違ったもの」「正統と異端」「常識と非常識」のように明らかな「白と黒」がある世界です。常に世界の王道を歩むのは常識をわきまえてルールを順守する表側の人であり、そこから外れた人はいわゆる「ダークサイド」という魑魅魍魎の世界に住む人たちであるということになります。これは先の「抽象の次元」の議論で言うところのN次元という固定的な有限次元でのものの見方そのものです。

世の中のほとんどの人はこのような価値観を持ち、「この価値観がなぜ『無知の無知』になるのか」と疑問に思ったり憤慨する人もいるかもしれません。

本書で提起したい「無知の知」というのは、あくまでも自分が知らない価値観があり、自分が当たり前の常識や正解だと思っていることも違う価値観から見れば間違っているかもしれない（という発想自体が既に無知の知ではないのですが）と思うことです。

その観点からいけば、「自分の知っている範囲が正しい」と思った時点でそれは無知の知を実践できていない、つまりは無知の無知の状態になってしまっているということです。

図60の左側で示した無知の無知の人は、例えば以下のように考えます。

・ルールを守っていない人はダメな人である（ルールというのは、環境が変われば時代遅れになるかもしれないという前提が抜けている）

・試験ができる人が優秀な人である（試験というのは所詮正解がある狭い世界の話でしかないのに、それが世界の全てだと思ってしまっている）

・マナーやしきたりにうるさい（マナーやしきたりも規則やルールと同様に環境が変われば変化して当然なのに、それを守ることが世界の全てだと思い込んでいる）

どうでしょうか？

世の中のほとんどの人は無知の無知の人と言っても過言ではないでしょう。だからこそ２０００年以上たったいまでもソクラテスの「無知の知」の考え方が重要になってくるのです。

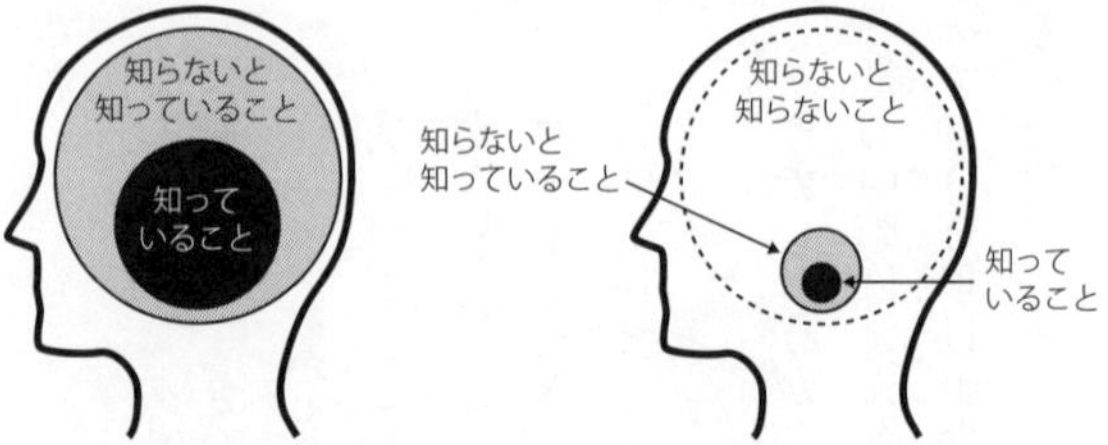

【図62】「無知の無知」の人と「無知の知」の人の脳内の構造

一昔前に「脳内メーカー」というものが流行りました。その人の頭の中で重きを置いているものを端的に図で表現したものです。

先の比較の図を踏まえて、無知の知の人と無知の無知の人を表現方法は異なりますが、脳の構造の違いということで模式的に表現してみると図62のようになります。ここまでのお話の総まとめとして、そのイメージを共有しておきたいと思います。

次に図の右側の「無知の知」の人の思考回路を見ていきましょう。

抽象化で見えない世界を見る

前章までで解説してきた見えない世界と抽象の次元の話と、本章で述べた無知の知、無知の無知という考え方がこ

	0次元	N（含む1）次元	無限次元
判断基準	有無・正誤	大小・優劣	差異
信じるもの	正解（権威・常識・教祖）	評価指標	なし
戦い方	戦わない（正解に無条件に従う）	レッドオーシャン	ブルーオーシャン
目指すもの	一つの「正解」	「ナンバーワン」	「オンリーワン」
視野	有限		無限
生きるフィールド	与えられる		自分で作り出す
報酬は……	合格すればもらえる	労力に比例する	リスクに比例する

【図63】　3つの世界観（0次元、N〔含む1〕次元・無限次元）を比較

こでつながってきます。抽象の次元で言えば、誰にでも見えるのが0次元と1次元の世界、簡単に言えば「正誤と優劣の世界」でした。逆に言えば、見えない世界というのはその次元を超えた世界ということになり、そこがどこまで見えているかが見えている人と見えていない人の間を分けることになります。

私たちの世界観の「3つのモード」

そのような世界観の違いを第5章の次元の議論と組み合わせると、私たちの持つ世界観は図63のような3つに分けることができます（図40の再掲)。これが本章で表現してきた3つの輪とも対応します。これまでの議論のまとめとして再掲しておきます。

「正しい／間違い」と言わない

先にお話ししたように、私たちは知れば知るほど知識の虜となって「見えないものに縛られる」という状態に陥っていきます。ここから抜け出すのは容易ではありません(もし読者の皆さんが抜け出したいと思うのであればという条件付きですが)が、「形から入る」ことでその状態に陥っていることに気づくきっかけを得ることはできます。

それは「正しい」とか「間違い」という言葉をボキャブラリーから外してみることです。

第5章でお話しした通り、有限次元と無限次元の世界観の違いは自分中心の世界観の有無(強さ)にあります。特に意識していなければほとんどの人は強烈な「自己中心バイアス」から正誤や優劣という価値観に陥ります。これを打破するのが無限次元に行くための最初の最も高いハードルです。

そのためには、０次元において正誤の世界観に陥らず、１次元においては優劣の価値観に陥らないことが重要になります。いずれも自己中心バイアスの価値観から自らを客観視するメタ認知の価値観への移行のためです。

バイアスは知識や経験がないよりはあるほうが強くなっていきます。つまり、知識や経験は諸刃の剣で、増やすことがマイナスになることもあるので注意が必要です。したがって、気を付けなければならないのは「その道の専門家」です。このような人たちが「素人」の意見を聞いて「それは間違っている」と一刀両断に「上から目線で」間違いを正している状況は皆さんもよく目にするのではないでしょうか。

ところが考えてみれば、世の中に無条件に正しいとか間違いと断言できるものなどあるでしょうか？　「喧嘩両成敗」の言葉通り、個人の喧嘩に関しても、片方の言い分だけを聞いていれば「一方的に相手が悪い」というのがほとんどかもしれませんが、両者ともにそう言っていることも多く、ということは「『一方的に相手が悪い』と両者が言い合っている」という自己矛盾の状態がほとんどなのではないでしょうか。

たとえそれがテロリストであってもその動機は「愛する人を守るため」や「相手に傷つけられた仲間の復讐のため」といった、いわばそもそもが人間愛から来ているものも多く、これとて一方的にどちらが悪いと言い切れるものでもありません。

裏を返せば、「正誤がある」というのは先に述べたような試験の世界ぐらいなのではないでしょうか。そのような狭い世界でしか通用しない世界観を多くの人は身のまわりの世界に安易に適用しようとしている、そんな（高次元の価値観の人から言わせれば）「視野の狭さ」が多くの諍いの根本原因になっている可能性が高いのです。

「正しい」「間違っている」はSNSの言い争いでも頻繁に用いられていますが、結果としてどちらかが「私が間違っていました」と謝罪して終わることなどほとんどないことを見ても、いかに「正誤の価値観」が実態と合致していないかがわかるでしょう。

当然ここでは「正誤の価値観が間違っている」などという自己矛盾したメッセージを出すつもりはありません。正誤の価値観を使いたくなった時（自分は正しくて他の人は間違っていると言いたくなった時）は徹底的にその価値観を疑ってみること、そこに上位の次元への道が広がっているのではないかということです。

同様に考えれば、1次元の世界を抜け出すためには優劣の発想を捨てること、そして有限次元の壁を越えるには本章のテーマである「無知の知」の認識が重要になってきます。全てはやはりこの概念に戻ってきます。これは人間が抽象化とともに背負ってしまった根源的な知の欠陥を戒めるものとして永久に語り継がれるべき考え方ではないでしょうか。

おわりに

本書では、近年のVUCA時代にデジタル技術の進展とともに広がる一方の「見えない世界」に関して、それを抽象概念の層別という形でとらえ、現代社会の課題を様々な切り口で見るとともにその対処の仕方を考えてきました。

かけ声は大きくなってきたDXですが、実際にはなかなかうまく進まずに苦労している会社や組織が多いという話をよく聞きます。その大きな原因の一つが、これまでの仕事や生活のやり方をそのままHOW TOのレベルでデジタル化しようとしているという発想にあるのではないかというのが本書の仮説です。デジタルを考える上では抽象概念を語ることが必要不可欠だと考えています。

本書の文脈から見れば、これは私たちの世界をとらえる上での「一つの次元」を提示したことになります。言い方を変えれば、これは無数にある（無限次元の）世の中の見方のうちのたった一つの次元を提示したに過ぎませんが、昨今のネット、とりわけSNS上のコミュニケーション等を見ていると、この次元を導入するだけで大きく世界の見方が変わるという点では「意義の大きい変数」であると考えています。

ビジネスの現場で「具体と抽象の違い」という言葉で表現すれば一言で終わってしまうことを多くの言葉や時間を使って議論し、最後まで共通の合意に至らないという場面をよく目にします。

また、教育の現場では「抽象化能力」と表現すれば一言で終わることを多くの言葉を使ってバラバラの人たちが別の表現を用いている事例も見聞きしてきました。さらに極めつけはSNS等のネット空間を中心とするコミュニケーションにおいて「それ、具体と抽象の違いでしょ」の一言で解決できるコミュニケーションギャップが数えきれないほど発生していることを毎日目にしています。

このような状況において「具体と抽象」や「抽象化能力」という概念とその言葉が共通言語となれば世の中は大きく変わるという信念を持ち、コンサルタントや著述家として既に20年以上「抽象普及運動」に取り組んできました。その活動の一環が本書と言えます。

直接的に抽象という言葉をタイトルにした『具体と抽象』や『具体⇅抽象トレーニング』といった書籍は多くの読者に読まれ共有していただきました。その影響もあってか、近年ではビジネスや教育の現場でもこのような言葉を聞くことも以前に比べれば多くなっているような気もします。

さらにそれを少しでも多くの人に共有できる形にし、共通言語とすることで世界を少しでも生活しやすい場所にしたいという思いで執筆活動を続けるというのが、著者としての基本的なスタンスです。本書もその一助になればと思っています。

本書の刊行にあたっては企画段階より中央公論新社の胡逸高さん、齊藤智子さんにお世話になりました。企画のお声がけから、遅れがちになる原稿を辛抱強く待ち、完成に導いていただいたことに感謝致します。またお名前は全て挙げられませんが、その他の形で本書にかかわっていただいた全ての関係者の皆様に感謝致します。

２０２２年10月　細谷　功

ラクレとは…la clef=フランス語で「鍵」の意味です。
情報が氾濫するいま、時代を読み解き指針を示す
「知識の鍵」を提供します。

中公新書ラクレ
775

見《み》えないものを見《み》る「抽象《ちゅうしょう》の目《め》」

「具体《ぐたい》の谷《たに》」からの脱出《だっしゅつ》

2022年10月10日発行

著者……細谷《ほそや》 功《いさお》

発行者……安部順一

発行所……中央公論新社
〒100-8152 東京都千代田区大手町 1-7-1
電話……販売 03-5299-1730　編集 03-5299-1870
URL https://www.chuko.co.jp/

本文印刷……三晃印刷
カバー印刷……大熊整美堂
製本……小泉製本

Published by CHUOKORON-SHINSHA, INC.
Printed in Japan　ISBN978-4-12-150775-4　C1234

中公新書ラクレ　好評既刊

L578
逆説のスタートアップ思考
馬田隆明 著

爆発的な成長を遂げる組織「スタートアップ」。起業を志す人が増え、新事業立ち上げに携わることが当然となった今、そこで培われた考え方はより価値があるものになった。一方、東大産学協創推進本部に所属する筆者は「日本が健全な社会を維持するために、スタートアップは不可欠」と主張する。なぜ必要なのか？　なぜ大学発起業数で東大が圧倒的1位なのか？　逆説的で反直感的な「スタートアップ思考」であなたも革新せよ！

L696
新装版 思考の技術
——エコロジー的発想のすすめ
立花　隆 著

新興感染症の流行と相次ぐ異常気象。生態系への介入が引き起こす「自然の逆襲」が加速化している。自然と折り合いをつけるために我々が学ぶべきものは、生態学（エコロジー）の思考技術だ。組織内の食物連鎖、部下のなわばり根性を尊重せよ、「寄生者と宿主」の生存戦略、「清濁あわせ呑む」大人物が出世する——。自然の「知」は仕事上の武器にもなる。「知の巨人」立花隆の思考法の根幹をなすデビュー作を復刊。「知の怪物」佐藤優氏解説。

L722
増補版 駆け出しマネジャーの成長論
——7つの挑戦課題を「科学」する
中原　淳 著

突然、管理職に抜擢された！　年上の部下、派遣社員、外国人の活用方法がわからない！　飲みニケーションが通用しない！　プレイヤーとしても活躍しなくちゃ！　社会は激変し、一昔前よりマネジメントは格段に難しくなった。困惑するのも無理はない。人材育成研究と膨大な聞き取り調査を基に、社の方針の伝達方法、多様な部下の育成・活用策、他部門との調整・交渉のコツなどを具体的に助言。新任マネジャー必読！　管理職入門の決定版だ。